GIANPAOLO LORUSSO

&

UGO CACCIAGUERRA

EMAIL MARKETING

Come Creare una Campagna Marketing Efficace
Ottimizzando Target e Messaggio

Titolo

"EMAIL MARKETING"

Autori

Gianpaolo Lorusso & Ugo Cacciaguerra

Editore

Bruno Editore

Sito internet

www.brunoeditore.it

Sommario

Gli autori

Gianpaolo Lorusso

 Sono stato probabilmente uno dei primi in Italia a essersi interessato ai motori di ricerca nel 1999. Conosciuto e stimato (almeno spero!) da molti tra gli addetti ai lavori, ho lavorato dietro le quinte di vari progetti web realizzati da alcuni tra i più grandi gruppi aziendali italiani.

Dopo essere stato per anni il responsabile marketing di una delle prime venti agenzie web italiane, sto lavorando ora, tra le altre cose, a http://www.sito-perfetto.it/, un ebook collaborativo scritto da più professionisti italiani e aggiornato mensilmente sulle migliori tecniche di comunicazione web.

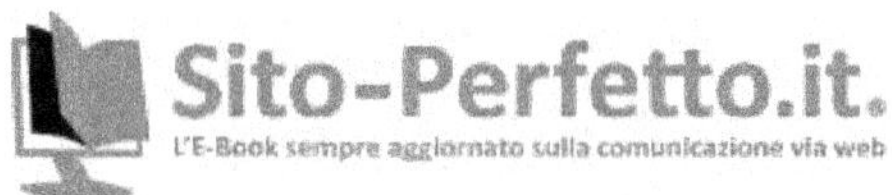

Ugo Cacciaguerra

Sono un imprenditore da vent'anni nel campo dell'informatica, e mi occupo di Internet praticamente da quando è nata! Attualmente la società di cui sono presidente, Logicamente Internet, si occupa di web marketing e ha una forte vocazione innovativa, testimoniata anche da due progetti finanziati con fondi nazionali ed europei (nel 2007 e nel 2009).

L'ultimo di questi progetti riguarda una piattaforma software per email, fax ed sms marketing, dal nome Logic@mail (www.logicamail.it). Io e Gianpaolo abbiamo scritto questa guida per aiutare chiunque si avvicini all'email marketing a utilizzarlo al meglio, come tutti gli altri strumenti professionali di invio presenti sul mercato.

Introduzione all'email marketing

Spedire una serie di messaggi, anche a molte persone, è semplicissimo. Fare una campagna di email marketing efficace è tutta un'altra cosa. Qui troverai indicazioni e suggerimenti pensati per guidarti attraverso le scelte più importanti che dovrai fare per promuovere la tua attività via email.

L'email è stata data per morta molte volte in questi ultimi anni di vorticoso sviluppo del web, ma di fatto è ancora uno degli strumenti più utilizzati online (e lo sarà ancora per un po'). Questa Guida ha lo scopo di aiutarti a usare con successo uno dei mezzi promozionali più potenti e poco costosi attualmente a disposizione dei web marketer.

Vari studi americani ed europei hanno confermato il ruolo insostituibile di questo strumento per lo sviluppo dell'economia mondiale. I motivi della sua importanza risiedono in molteplici fattori:

- **è utilizzata dal 90% degli utenti di Internet** e dal 74% di essi è considerata vitale;

- **è facile e rapida**, il 97% dei messaggi di posta elettronica arriva a destinazione entro sessanta minuti (e il restante 3% entro dodici ore);

- **è affidabile**, nel 95% dei casi l'accesso per spedire o ricevere messaggi va a buon fine senza dover riprovare una seconda volta.

Se consideriamo poi che non più del 20-30% delle vendite online avviene entro i primi tre contatti, mentre il restante 70-80% arriva entro sei-otto contatti, si comprende quanto possa essere fondamentale instaurare e mantenere un legame qualificato via email con i propri utenti.

Secondo la Forrester Research (una delle principali aziende di ricerche di mercato statunitensi) le campagne mail sono dieci volte meno costose e, anche se realizzate su liste di indirizzi indifferenziati (cioè poco profilati), hanno tassi di risposta medi dell'1,5-2%.

Qualche dato sull'email marketing in Italia

Secondo l'ultima edizione dell'*Email Marketing Consumer Report* di Contactlab (vedi Bibliografia essenziale) i navigatori italiani posseggono circa cinquantuno milioni di caselle email e quasi il 70% degli intervistati dichiara di utilizzare regolarmente due o più indirizzi di posta elettronica (la media esatta è pari a 2,3 caselle per utente).

Circa il 45% degli utenti accede alla propria casella esclusivamente attraverso il programma con cui naviga su Internet (web mail), mentre il resto dei navigatori usa anche programmi client di posta elettronica (come Outlook o Thunderbird).

Oltre sette utenti su dieci (in calo di quasi il 5% rispetto all'anno scorso) accedono alla propria posta attraverso un computer fisso, sei utenti su dieci utilizzano anche un portatile (in forte crescita i dispositivi netbook, mini portatili intermedi tra i notebook e i più piccoli dispositivi *mobile*), mentre solo poco più di due persone su dieci utilizzano anche uno smartphone o un palmare.

Attraverso questi indirizzi di posta transitano ogni giorno circa 420 milioni di messaggi (+20% circa rispetto all'anno scorso), che equivalgono a una media di circa venti mail per ogni utente al giorno (l'anno scorso erano poco più di diciotto). Un vero e proprio bombardamento informativo!

In media ogni utente è iscritto consapevolmente a poco più di sei liste mailing, e oltre la metà delle mail che si ricevono appartengono a operatori del settore turismo e viaggi (a testimonianza della competitività del settore e della profittabilità dell'email marketing turistico).

È molto interessante osservare come subito dopo il settore turistico (in lieve crescita rispetto allo scorso anno), il maggior numero di email gli italiani le ricevano oggi dalle community a cui sono iscritti (in forte crescita rispetto al 2008), piuttosto che da operatori di altri settori. Seguono poi: servizi di e-commerce e aste online, news, operatori di telefonia, associazioni di cui si fa parte e poi, un po' distanziate, le mail inviate dagli operatori di connettività Internet e di banche e servizi finanziari.

Risulta quindi sempre più determinante offrire buoni contenuti, in modo da rientrare nel ristretto numero di liste che gli utenti sono ragionevolmente disposti a leggere e, soprattutto, utilizzare al meglio anche i nuovi canali web 2.0.

CAPITOLO 1:

Come impostare una campagna di email marketing

Un serio ed efficace progetto di email marketing deve necessariamente prevedere questi passaggi:

- **identificazione degli obiettivi** (impostando una strategia coerente con le risorse umane e i materiali a disposizione);

- **creazione di liste di indirizzi email e relativa profilazione** rispetto ai dati salienti dei destinatari (nazionalità, lingue parlate, interessi ecc.);

- **creazione dei messaggi** o impostazione della newsletter da inviare ai destinatari;

- **test di invio** verificati nei principali client di posta e servizi di web mail;

- **invio dei messaggi e rilevazione dei risultati**, fino ad arrivare a individuare chi ha cliccato su cosa;

- **analisi delle statistiche e ottimizzazione delle campagne future** sulla base dei contenuti che sono risultati più graditi;
- **aggiornamento delle liste** cancellando gli utenti che ne fanno richiesta ed eliminando/correggendo gli indirizzi errati o non più utilizzati.

Nei paragrafi che seguono svilupperemo questo processo logico per illustrare passo dopo passo quali sono i fattori chiave in ognuno di questi importanti passaggi.

Definire gli obiettivi

Gli obiettivi dell'attività di email marketing possono essere sostanzialmente ricondotti a tre aree principali:

- **promozione diretta delle vendite** attraverso la diffusione di offerte speciali o messaggi mirati su prodotti o servizi specifici;
- **<u>branding</u> e aumento delle visite sul sito**, attraverso l'aumento di consapevolezza e richiamo del proprio marchio;
- **fidelizzazione della clientela già acquisita** attraverso la diffusione di promozioni, offerte o programmi fedeltà.

Lo strumento ideale per promuovere le vendite, sia sui nuovi clienti che su quelli acquisiti, è sicuramente la campagna mirata (o DEM), che informa il destinatario su una specifica offerta a breve o medio termine o sull'esistenza di un programma fedeltà.

Per fare branding o impostare delle azioni di fidelizzazione in maniera continuativa, occorre invece pensare a strategie sicuramente più impegnative, come la gestione di una newsletter.

Ovviamente una newsletter, se ben impostata, può aiutare anche a incrementare le vendite dirette, ospitando annunci mirati oppure contenuti redazionali relativi ai prodotti promossi.

Indipendentemente dall'obiettivo, comunque, quando si pensa a un'azione di email marketing bisogna sempre mantenere un approccio concreto che metta al centro dell'attenzione quello che realmente può essere utile al destinatario del messaggio, non quello che abbiamo voglia o che possiamo permetterci di raccontargli.

CONCETTO CHIAVE n. 1: definire in anticipo quale è lo scopo principale che voglio raggiungere con un'email inviata a miei clienti (potenziali o già acquisiti) e quali sono gli obiettivi secondari è fondamentale. Se non ho le idee chiare fin dall'inizio difficilmente potrò scegliere i contenuti, gli strumenti e le metodologie migliori per avere successo.

Le offerte mirate

Se si vuole puntare a ritorni diretti in termini di vendite, come abbiamo già visto, bisogna soprattutto concentrarsi su offerte mirate e azioni di Direct Email Marketing (DEM).

Gli spunti che offrono maggiori opportunità da questo punto di vista sono il lancio di nuovi prodotti o servizi, oppure promozioni "a pacchetto" combinate, o ancora sconti speciali per periodi o stock limitati o in occasione di eventi promozionali mirati (troverai alcuni esempi in Appendice I).

Per investire al meglio tempo e denaro, inizialmente si possono preparare alcune campagne nelle quali si inseriscono più offerte, verificando poi dalle statistiche quali sono risultate più interessanti (cioè hanno generato più click), in modo da riprogrammarle in futuro (il cosiddetto **offering test**).

Un altro strumento che può essere utilizzato con efficacia, sia per migliorare la propria reputazione online che per avere un riscontro sul valore percepito dai propri clienti, è l'invio di **richieste di feedback sulla soddisfazione della clientela** (se ne trova un modello in Appendice I).

Se abbinate a un piccolo regalo o a un buono da spendere entro un certo periodo, oppure ancora a uno sconto speciale, la richiesta potrebbe anche diventare un utile strumento di promozione indiretta delle vendite. Oltre ad aumentare il grado di fidelizzazione della clientela, questo tipo di attività sortisce infatti ottimi risultati soprattutto se il messaggio viene inviato a clienti che sono rimasti sostanzialmente soddisfatti del nostro prodotto/servizio.

Ci occuperemo comunque meglio di queste tecniche nel paragrafo relativo alla gestione della reputazione online e al web 2.0.

CONCETTO CHIAVE n. 2: le campagne con offerte mirate (DEM) tendono a essere più efficaci per la vendita diretta e la fidelizzazione della clientela, soprattutto se abbinate a piccoli omaggi/regali.

Le newsletter

La distribuzione di validi contenuti editoriali può essere un ottimo strumento promozionale del proprio marchio o dei propri prodotti/servizi.

Contrariamente ai messaggi promozionali mirati, una newsletter è normalmente costruita attorno ad articoli e/o notizie attinenti al campo di attività dell'azienda mittente. Le attività di promozione diretta devono essere, in questo caso, relegate ai margini dei contenuti principali o trattate indirettamente nei testi proposti.

Considerato che gli utenti sono ormai letteralmente subissati di messaggi di questo tipo, l'unico modo per ottenere un certo successo con questo strumento è "sfornare" contenuti realmente utili per i lettori.

Dato che un redattore di buon livello (che sia interno o che venga "affittato" all'esterno) ha un suo costo, bisogna innanzitutto valutare se questo è utile e sostenibile.

Una newsletter redatta attraverso un semplice copia-incolla di contenuti trovati su Internet molto difficilmente infatti otterrà risultati positivi per l'immagine aziendale. La regolarità temporale della pubblicazione è un'altra delle caratteristiche basilari che differenziano le newsletter di successo. Se si sceglie una determinata frequenza, questo significa che si hanno le risorse per uscire ogni volta con qualcosa di nuovo e interessante per i nostri lettori.

Dallo studio delle risorse disponibili dipende quindi molto della credibilità del mittente-editore: se una pubblicazione è regolare nel tempo, significa che dietro c'è un ordine, una pianificazione, un lavoro che rende possibile che questo accada.

Dopo aver fatto queste valutazioni preliminari, bisogna concentrarsi sul titolo da dare alla nostra newsletter, che va scelto molto accuratamente, perché sarà uno degli aspetti fondamentali in grado di incidere sulla sua diffusione (chiarendo immediatamente di cosa ci si occupa ed evitando malintesi negativi per l'immagine aziendale).

Contrariamente ai messaggi diretti, infatti, uno dei meccanismi chiave del successo di una newsletter è il passaparola, per via tradizionale (a voce o con l'inoltro dell'email), oppure attraverso i social network o, più in generale, i siti web 2.0.

Scegliere il nome e la descrizione breve più giusti non è un esercizio facile, ma è tutto sommato un'attività molto simile a quella che vedremo nel paragrafo sulla scelta dell'oggetto delle nostre email (anche se qui parliamo di testi di una-due parole per il titolo e quattro-cinque al massimo per la descrizione breve).

Altra caratteristica fondamentale è tenere i messaggi brevi e focalizzati sui contenuti principali per invogliare i lettori a scorrerli fino in fondo (ormai quasi nessuno "legge" interamente parola per parola i messaggi di questo tipo, a meno che non ci trovi qualche frase o immagine che attira la sua attenzione).

Per ottenere questo risultato (e per aumentare le visite al sito di origine) di solito nelle newsletter si presenta un elenco di news basato su titoli e brevi testi introduttivi, da approfondire poi sul sito web.

CONCETTO CHIAVE n. 3: le newsletter sono più efficaci per la promozione del marchio e dell'immagine aziendale, soprattutto se i contenuti sono realmente utili e i titoli permettono una usabilità/fruibilità immediata dei testi.

RIEPILOGO DEL CAPITOLO 1:

- CONCETTO CHIAVE n. 1: definire in anticipo quale è lo scopo principale che voglio raggiungere con un'email inviata a miei clienti (potenziali o già acquisiti) e quali sono gli obiettivi secondari è fondamentale. Se non ho le idee chiare fin dall'inizio difficilmente potrò scegliere i contenuti, gli strumenti e le metodologie migliori per avere successo.

- CONCETTO CHIAVE n. 2: le campagne con offerte mirate (DEM) tendono a essere più efficaci per la vendita diretta e la fidelizzazione della clientela, soprattutto se sono abbinate a piccoli omaggi/regali.

- CONCETTO CHIAVE n. 3: le newsletter sono più efficaci per la promozione del marchio e dell'immagine aziendale, soprattutto se i contenuti sono realmente utili e i titoli permettono una usabilità/fruibilità immediata dei testi.

CAPITOLO 2:

Come costruire una lista di indirizzi

Creare una lista di indirizzi a cui spedire i propri messaggi è ovviamente uno dei primi passi necessari per impostare qualsiasi campagna di email marketing.

Nei paragrafi seguenti abbiamo condensato una serie di indicazioni chiave per arrivare a definire una lista sufficientemente profilata.

Il nostro Codice in materia di protezione dei dati personali è sicuramente uno dei più avanzati (e restrittivi) al mondo e nel 2008 le sanzioni sono state sensibilmente inasprite. Nell'Appendice II abbiamo riportato tutte le nozioni fondamentali relative alla tutela della privacy che bisogna tenere presente quando ci si appresta a costruire una lista di indirizzi per attività di email marketing.

Per ora è sufficiente dire che esiste una **netta differenza** in termini di tutela giuridica **tra indirizzi aziendali e indirizzi personali**.

Per i destinatari aziendali, se gli indirizzi sono pubblicati in rete o su elenchi pubblici e si inviano informazioni mirate in quantità limitate, è molto difficile incorrere in problemi legali. Viceversa, **invii massicci e sistematici devono seguire le regole che evidenziamo di seguito per gli utenti privati**.

Per le caselle personali di consumatori finali nel nostro Paese l'unica modalità legale di invio di messaggi promozionali è il cosiddetto _opt-in_, ovvero **l'invio con precedente e informata accettazione da parte del ricevente**.

È in ogni caso vietato il cosiddetto opt-out, cioè l'invio massiccio e sistematico con la semplice opzione di cancellazione dopo il primo ricevimento (che è invece perfettamente legale negli USA, in Cina e in moltissimi altri paesi al mondo).

In breve, nel nostro Paese per poter fare email marketing in piena tranquillità sono necessari due passaggi:

- **mostrare al destinatario un'apposita informativa** che spiega chi è il titolare del trattamento, con che modalità sono trattati i dati e quali sono le finalità del trattamento (indicando anche come ci si può opporre al loro uso e come si possono modificare/cancellare i dati);

- **ottenere il consenso esplicito** all'invio di materiale promozionale (la cosiddetta liberatoria sulla privacy).

Naturalmente questi passaggi devono essere svolti da chi acquisisce direttamente i dati. Chi usa le liste di indirizzi in un secondo momento deve solo verificare che questi passaggi siano stati effettivamente svolti.

CONCETTO CHIAVE n. 4: in Italia per fare email marketing su larga scala verso persone fisiche occorre aver preventivamente informato (direttamente o indirettamente) il destinatario circa l'uso che si farà dei suoi dati e aver ricevuto l'autorizzazione espressa all'invio di materiale pubblicitario.

Liste acquistate e liste interne

Le liste proprie (o interne) basate su elenchi di clienti o database di utenti registrati nel sito o alimentati manualmente, presentano il vantaggio di essere estremamente mirate e hanno normalmente un costo medio per conversione (vendita) molto inferiore a quello delle liste acquistate all'esterno.

Gli utenti a cui scriviamo utilizzando una nostra lista infatti ci conoscono già (anche se magari superficialmente), e quindi i tassi di apertura e di click sono spesso di gran lunga superiori a quelli ottenibili con dati esterni (a meno che non si acquistino costose liste di indirizzi estremamente mirati).

Per poter valutare indirizzi acquistati all'esterno è sempre necessario conoscere le modalità della raccolta, verificare che esista l'autorizzazione all'invio di messaggi commerciali e sapere qual è la data in cui sono stati raccolti (o aggiornati).

Per quanto riguarda il mercato business to business (indirizzi aziendali), va tenuto presente che i tassi di risposta e conversione saranno molto probabilmente quasi nulli se gli indirizzi inclusi nella lista sono formati prevalentemente da indirizzi generici (di solito: info@nomeazienda.it) e non da contatti profilati.

Alcuni tra i fornitori di liste aziendali che offrono in Italia maggiori garanzie da questo punto di vista, ma anche per tutti gli aspetti legali legati alla raccolta e per l'aggiornamento delle informazioni, sono la Guida Kompass, Seat Pagine Gialle e la Guida Monaci.

Per quanto riguarda i dati sui consumatori finali è bene rivolgersi a operatori specializzati nel settore del direct marketing, senza ricorrere in nessun caso a liste raccolte da indirizzi pubblicati su Internet o rivendute online a poche decine di euro (che quasi sicuramente non sono in regola con la normativa sulla privacy).

Se queste liste sono state costruite utilizzando software di raccolta di indirizzi direttamente dai siti Internet (email harvesting) è **molto probabile che contengano al loro interno le cosiddette spam trap**, cioè indirizzi fittizi, invisibili ai navigatori umani, ma inseriti nel codice web dei siti proprio per individuare gli spammer che utilizzano liste costruite in questo modo.

Inviare un messaggio anche a uno solo di questi indirizzi è una delle vie maestre per finire in una black list, con tutti i problemi che questo comporta.

CONCETTO CHIAVE n. 5: le liste costruite internamente sono spesso molto più sicure (assenza di spam trap) ed efficaci (tassi di conversione più alti) di quelle acquistate all'esterno, soprattutto se queste non sono profilate (indirizzi generici), se si ignora come sono state raccolte, se sono molto ampie e se costano poco.

Come creare una lista di partenza a costo zero

Per creare una prima lista base il più possibile profilata si dovrebbe sempre partire da tutti coloro i quali ci hanno in qualche modo comunicato direttamente il loro indirizzo email (anche semplicemente attraverso una richiesta di informazioni inoltrata tramite il sito web).

Per utilizzare questi indirizzi è necessario però avere **l'autorizzazione all'invio di comunicazioni commerciali** (liberatoria sulla privacy).

Bisogna innanzitutto verificare se nei moduli di contatto o richiesta di informazioni del vostro sito c'è la prescritta informativa obbligatoria e le "spunte" (check box) di autorizzazione al trattamento dei dati e all'invio di comunicazioni commerciali.

Indipendentemente dal fatto che l'informativa/liberatoria sia scritta su carta, sia inserita in un modulo online o sia esposta a voce, oltre a indicare tutti i dati obbligatori per legge, è preferibile usare un tono colloquiale, che rassicuri l'utente sul fatto che il suo indirizzo non verrà in nessun caso ceduto a terzi e che potrà cancellarsi dalla lista in modo semplice, immediato e a costo zero.

Nell'Appendice II abbiamo riportato un modello di informativa sulla privacy di questo tipo che, pur mantenendo la sua validità dal punto di vista legale (in quanto riporta tutti i contenuti necessari per legge), usa un tono decisamente più amichevole di quello che normalmente si trova sul web, sottolineando al tempo stesso i fattori chiave nel processo di convincimento dell'utente.

In realtà, **la possibilità che un cliente che già ci conosce faccia un esposto al Garante della privacy è molto bassa**, ma se si utilizza il suo indirizzo senza nessun giustificativo d'appoggio, ciò potrebbe comunque portare a sanzioni di discreta entità (i primi casi di questo tipo in Italia hanno portato a sanzioni più risarcimenti intorno ai cinquecento euro a destinatario).

Per iniziare, quindi, sarà bene concentrarsi su clienti con cui si è sicuri di avere un buon rapporto e predisporre, da subito, moduli cartacei e modifiche al sito web che ci pongano in grado di spedire in tranquillità materiale commerciale alle persone che ci hanno anche solo contattato per chiedere informazioni.

Incrementare il database di marketing

Gli strumenti più efficaci (e più sicuri dal punto di vista legale) per incrementare il vostro database di marketing sono:

- **l'inserimento in tutti i moduli di contatto del sito di una informativa sulla privacy** che contempli anche la liberatoria per l'invio di proposte commerciali e l'aggiunta di **un box di spunta che segnali l'interesse per ricevere offerte speciali** (che dovrebbe essere separato da quello, obbligatorio, sull'autorizzazione al trattamento dei dati personali);

- **l'inserimento nel sito di un box rapido di iscrizione alla newsletter** che preveda l'invio solo di nome e email (oltre naturalmente a un link all'informativa sulla privacy e a una spunta per la liberatoria all'invio di materiale promozionale);

- **l'identificazione degli utenti al momento del download di contenuti utili distribuiti gratuitamente**, tramite la compilazione di un modulo estremamente leggero (analogo a quello per l'iscrizione alla mailing list);

- unito agli accorgimenti di cui ai primi tre punti, **l'incremento di visibilità del sito nei motori di ricerca**, tramite SEO e/o keyword advertising, è destinato inevitabilmente a far accrescere le liste degli iscritti;

- **l'uso di meccanismi di diffusione virale e tramite siti web 2.0**, link "invia a un amico/collega" e tasti/link per la condivisione automatica sui principali social network da inserire nel sito e nei messaggi inviati (vedremo meglio di che si tratta in un paragrafo successivo);

- **la diffusione di news e comunicati stampa** nei siti di <u>social news</u> o nei siti che ripubblicano i comunicati stampa aziendali;

- **la predisposizione di questionari di soddisfazione del cliente** in cui viene chiesto di inserire anche l'indirizzo email e che contengano anche una breve informativa-liberatoria per l'invio di comunicazioni commerciali (tali moduli vanno fatti firmare e dovranno essere conservati);

- **l'uso di idonee modulistiche di iscrizione alla mailing list** in tutti gli eventi di promozione organizzati dall'azienda o nelle fiere di settore;

- **l'affitto di liste esterne** per invii promozionali che, in cambio di contenuti interessanti, piccoli omaggi e offerte speciali (guide, report di settore, sconti riservati ecc.), richiedono una registrazione sul sito.

Questi accorgimenti consentiranno di aumentare progressivamente e automaticamente i contatti inseriti nelle liste di indirizzi disponibili per le spedizioni.

CONCETTO CHIAVE n. 6: il modo migliore per incrementare la propria lista di indirizzi è creare una buona modulistica offline e varie occasioni di contatto/registrazione sul sito (in cui naturalmente inserire l'autorizzazione all'invio di messaggi promozionali) e lavorare allo stesso tempo per aumentare le visite.

La profilazione dei contatti

Il corretto raggruppamento degli utenti in gruppi di lettori potenzialmente più interessati a una certa offerta rispetto al totale di iscritti in una lista è uno dei segreti del successo delle moderne campagne di email marketing.

I risultati di questa attività in termini di fidelizzazione di clienti occasionali, aumento della spesa media e frequenza di acquisto sono assolutamente sorprendenti. Le risposte in termini di tassi di apertura e click possono essere anche decine di volte superiori a quelli di campagne indifferenziate.

I dati base per impostare delle azioni di email marketing sufficientemente mirate si differenziano a seconda che il mercato di riferimento sia formato da consumatori finali o da aziende.

Nel caso di **consumatori finali** si possono prendere in considerazione i seguenti aspetti:

- **anagrafici** (sesso, età e composizione del nucleo familiare);
- **appartenenza a gruppi** (associazioni, albi o categorie professionali ecc.);
- **geolocalizzazione** (paese e/o località di residenza);
- **acquisti pregressi** (attraverso un collegamento diretto al gestionale aziendale o estraendo liste di acquirenti storici);
- **analisi comportamentali** (registrazione delle offerte o dei siti o delle pagine specifiche attraverso cui è arrivato il contatto, documenti scaricati ecc.);
- **argomenti di interesse** (dichiarati al momento della sottoscrizione o ricavati da successivi contatti).

Nel caso di **contatti business to business** andranno invece considerati:

- **tipologia del contatto** (professionista, società di persone, società di capitali);

- **ruolo del contatto** all'interno dell'organizzazione (titolare, responsabile marketing ecc.);

- **quantità dei prodotti/servizi**, fatturato e numero dei dipendenti;

- **settori di attività** (principali e complementari);

- **geolocalizzazione** (della casa madre o delle sedi operative);

- **mercati di riferimento**;

- **acquisti pregressi, analisi comportamentali e argomenti di interesse** (vedi quanto già detto per il mercato consumer).

La necessità di profilare gli utenti deve però sempre fare i conti con il fatto che un buon modulo di contatto/registrazione (cartaceo o sul web) non deve mai avere neanche una domanda in più di quelle strettamente indispensabili, in modo da diminuire il più possibile i tassi di abbandono e le difficoltà di interpretazione degli utenti.

Proprio per non appesantire eccessivamente i "punti di contatto" è necessario sfruttare tutte le possibili informazioni addizionali che abbiamo già in azienda (acquisti effettuati, partecipazione a eventi, interesse per aspetti particolari, tracking della navigazione degli utenti identificati ecc.), senza chiedere all'utente di inserirle nuovamente.

Esempi classici di invio profilato sono le promozioni specifiche inviate a chi ha già effettuato l'acquisto di un certo prodotto (ad esempio offerte su prodotti accessori o soggiorni in certi periodi), oppure a chi ha mostrato interesse per qualcosa che poi non ha mai acquistato (inviando buoni sconto o altre offerte su quegli stessi beni o servizi).

Bisogna in questo caso solo stare attenti a evitare l'effetto "grande fratello", dare cioè l'impressione di controllare tutti i movimenti dell'utente sul nostro sito.

CONCETTO CHIAVE n. 7: dato il crescente intasamento delle caselle di posta con messaggi promozionali, il successo in questo campo arriderà sempre più a chi saprà fare la proposta giusta alle persone giuste nel momento più adatto, non a chi avrà il database di contatti più ampio.

RIEPILOGO DEL CAPITOLO 2:

- CONCETTO CHIAVE n. 4: in Italia per fare email marketing su larga scala verso persone fisiche occorre aver preventivamente informato (direttamente o indirettamente) il destinatario circa l'uso che si farà dei suoi dati e aver ricevuto l'autorizzazione espressa all'invio di materiale pubblicitario.

- CONCETTO CHIAVE n. 5: le liste costruite internamente sono spesso molto più sicure (assenza di spam trap) ed efficaci (tassi di conversione più alti) di quelle acquistate all'esterno, soprattutto se queste non sono profilate (indirizzi generici), se si ignora come sono state raccolte, se sono molto ampie e se costano poco.

- CONCETTO CHIAVE n. 6: il modo migliore per incrementare la propria lista di indirizzi è creare una buona modulistica offline e varie occasioni di contatto/registrazione sul sito (in cui naturalmente inserire l'autorizzazione all'invio di messaggi promozionali) e lavorare allo stesso tempo per aumentare le visite.

- CONCETTO CHIAVE n. 7: dato il crescente intasamento delle caselle di posta con messaggi promozionali, il successo in questo campo arriderà sempre più a chi saprà fare la proposta giusta alle persone giuste nel momento più adatto, non a chi avrà il database di contatti più ampio.

CAPITOLO 3:

Come scrivere il messaggio

Gli argomenti proposti e la concretezza delle offerte, la formattazione e la grafica, lo stile della comunicazione, la completezza, la coerenza dei dati forniti e l'accuratezza dei dettagli sono tutti aspetti che influiscono molto sulla percezione del livello di qualità di un messaggio email.

Abbiamo già visto come gli obiettivi di una campagna di offerta mirata (DEM) e di una newsletter siano normalmente diversi. Di conseguenza dovranno esserlo anche il contenuto e la formattazione del messaggio.

Nei paragrafi successivi analizzeremo tutti gli aspetti di contenuto e di presentazione importanti per ottenere il massimo risultato dai propri messaggi email.

Il mittente

Recenti studi di <u>eye tracking</u> hanno evidenziato senza ombra di dubbio che tutti noi decidiamo di aprire qualsiasi messaggio di posta elettronica perché ne riconosciamo il mittente e, solo dopo, perché valutiamo potenzialmente interessante l'oggetto della email.

Non è affatto facile creare questa consapevolezza in chi riceve un messaggio commerciale o una newsletter, ma questo dovrebbe essere il principale obiettivo di qualsiasi email marketer professionale.

Per questo è indispensabile mantenere la massima coerenza possibile tra il nome che appare come mittente, l'indirizzo email di spedizione/risposta e la firma conclusiva. Ciò contribuisce infatti in maniera importante a **dare garanzia al destinatario circa l'affidabilità di quanto si scrive**. La ricerca della massima riconoscibilità sfruttando il nome di un'azienda è anche un'ottima occasione per fare branding a costo zero.

Meglio quindi usare un nome e cognome di persona solo se si tratta di qualcuno realmente molto conosciuto e in grado di "personificare" l'azienda (il fondatore storico, o colui che partecipa maggiormente a eventi promozionali esterni).

Il fatto che l'azienda o la persona che scrive sia riconosciuta dal destinatario aumenta molto i tassi di apertura. Tuttavia, soprattutto in caso di cambio di personale piuttosto frequente, puntare su un nome e cognome potrebbe anche essere controproducente.

Fanno eccezione a questa regola alcune tecniche di incremento dei tassi di apertura delle campagne, tra cui il reinoltro (resend) dei messaggi a utenti che non hanno aperto il primo messaggio inviato, di cui ci occuperemo più avanti nel paragrafo relativo all'ottimizzazione delle campagne.

CONCETTO CHIAVE n. 8: la riconoscibilità chiara e immediata del mittente di un messaggio email è il primo fattore determinante per incrementare il tasso di apertura.

L'oggetto

Insieme al mittente, il testo nell'oggetto è l'elemento determinate per conseguire il massimo tasso di apertura possibile. È in quelle poche parole che ci giochiamo le nostre carte. È lì che dobbiamo far pensare all'utente che se cancellerà quel messaggio perderà qualcosa di importante.

Meglio usare un massimo di cinque o sei parole (i testi troppo lunghi verrebbero tagliati nella visualizzazione della maggior parte dei client di posta), con le parole chiave principali all'inizio del testo.

Molti studi importanti affermano che gli oggetti composti da meno di cinquanta caratteri (spazi inclusi) hanno in media tassi di apertura superiori fino al 75% in più rispetto a testi più lunghi. La concretezza nella scelta delle parole chiave su cui puntare è un fattore essenziale per il successo della campagna di email marketing, però nessuno può essere sicuro di come un certo oggetto verrà recepito dai destinatari.

Per questo è sempre opportuno effettuare degli split test (o A/B test), cioè inviare contemporaneamente a gruppi di utenti omogenei, e sufficientemente rappresentativi (almeno mille indirizzi) messaggi con oggetti diversi per monitorarne poi i risultati di apertura.

Vedremo nel paragrafo relativo ai filtri antispam come sia **meglio evitare le parole in maiuscolo e l'uso di superlativi**, e parole che ricorrono spesso nei messaggi degli spammer, ad esempio: convenientissimo, eccezionale, super ecc.

Inoltre, prima di inviare il messaggio, si potrebbe verificare quali sono le parole più cercate su Google relative all'argomento di cui si parla utilizzando il keyword tool di Google Adwords, per poi usare le frasi più utilizzate nell'oggetto.

In alternativa si possono utilizzare campagne adwords per verificare quali keyword "girano" di più riguardo a un certo argomento. Questo metodo però è ovviamente molto laborioso e richiede tempi decisamente più lunghi.

Infine si possono postare i contenuti del messaggio sotto forma di lancio stampa in un portale di social news (come Wikio, Diggita, OkNotizie, ZicZac, Upnews ecc.), usando le varie ipotesi di oggetto come titoli alternativi dell'articolo, per vedere quali versioni ottengono il gradimento maggiore.

Anche l'uso di **campi personalizzati** con riferimenti al destinatario (ad esempio il nome) nell'oggetto e nel testo del messaggio aumenta sensibilmente sia i tassi di apertura (in media +22%) che il numero di click (in media oltre il 50% in più). Se si usano campi personalizzati con il nome del destinatario solo nell'oggetto si possono ottenere comunque tassi medi di apertura di un 18% più elevati (dati tratti dall'edizione 2005 dell'*Email Statistic Report* di Mailer).

Oltre a quanto detto, non esiste una ricetta sempre valida per scrivere l'oggetto perfetto, tuttavia si possono senz'altro individuare alcuni criteri da rispettare:

- **puntare sui plus principali dell'offerta** (prezzo o altre caratteristiche di differenziazione rispetto alla concorrenza) **o sulla news principale proposta**;

- **concretezza (e convenienza)**: il destinatario della mail deve vedere subito un suo possibile vantaggio concreto, far leva sui suoi bisogni (reali o presunti) e sulle sue aspettative è sempre una buona scelta;

- **coerenza** (con il corpo del messaggio) e **realismo**: tutto quello che si dice deve essere vero e facilmente verificabile online, magari sul sito della struttura stessa, senza troppi sforzi da parte dell'utente;

- **creatività**: è consigliabile essere originali, ma senza sconfinare in uno "strillo pubblicitario", ed evitando le parole a rischio spam (vedi paragrafo relativo ai filtri antispam), la banalità aiuta a far scivolare il messaggio nella posta eliminata;

- **suggestione**: se riesco a far visualizzare al mio lettore una situazione o un'immagine, ho già ottenuto un buon risultato, e **immedesimazione**: se riesco a farlo proiettare in quella situazione ho fatto un lavoro ancora migliore! (è famoso il caso di successo di un'azienda americana produttrice di paraspifferi che invece di fare un conto dei risparmi ottenibili dai clienti ha suggerito loro l'immagine che non chiudere gli spifferi di porte e finestre è come avere un buco grande come un pallone da basket in una parete);

- **stimolo alla curiosità** (magari facendo riferimento a un fatto o a un concetto inatteso o imprevisto in una semplice mail promozionale): è sicuramente utile testare anche qualche oggetto trasposto in forma interrogativa, in modo da sollecitare maggiormente la curiosità del lettore (per esempio, "Lanciato il nuovo prodotto X" si trasforma in: "Conosci il nuovo prodotto X?");

- **scarsità e urgenza**: sottolineare, se possibile, nelle poche parole disponibili, che l'offerta è limitata nei posti disponibili o nel tempo di validità;

- **uso di parole chiave legate al concetto di perdita**: gli esseri umani sono da sempre avversi alle perdite;

- **riconoscimento sociale**: qualcosa che ha già avuto successo ed è già utilizzata da molte persone (magari anche da qualche testimonial noto) appare sicuramente molto più attraente di un prodotto sconosciuto (se un folto gruppo di persone guarda qualcosa, perché guardiamo anche noi?);

- **omaggi e benefit**: il richiamo a un piccolo regalo o un gadget gratuito sono strumenti potentissimi, anche perché gli omaggi predispongono l'utente a "restituire il favore", magari solo con un po' della loro attenzione;

- **tono gentile e invitante**: non ci scordiamo mai che stiamo chiedendo a una persona di dedicarci un po' del suo tempo prezioso.

Attenzione a trattare sempre con grande rispetto i propri lettori. Nel medio e lungo periodo se l'utente vede che i costi o le offerte richiamati in oggetto non sono mai effettivamente disponibili finirà per perdere fiducia nelle nostre comunicazioni. Vediamo alcuni esempi di oggetti realmente utilizzati.

Take Hawaii: scegli il tuo viaggio! 👎

Il paradiso delle Hawaii ora è più vicino! 👍

Si tratta di un'email che promuove un pacchetto vacanza reso più conveniente grazie al cambio euro-dollaro. Il primo oggetto punta molto sull'assonanza con le parole *take away*, ma è carente soprattutto dal punto di vista della suggestione (richiamo emotivo), dell'immedesimazione e della concretezza dei vantaggi proposti.

Il secondo oggetto, pur non essendo naturalmente il migliore possibile (solo uno split test avrebbe potuto certificarlo in maniera inequivocabile), è molto più evocativo e gioca proprio sul fatto di spingere il lettore a immaginarsi proiettato su una spiaggia hawaiana, stimolando la curiosità circa una possibile effettiva convenienza del prodotto.

Umbrella girl: vota la tua preferita!

Vota l'umbrella girl motoGP e vinci uno scooter

Il primo oggetto presuppone che il destinatario comprenda cosa si intende per "umbrella girl", giocando comunque abbastanza bene su una delle leve principali alla base dei messaggi pubblicitari (la pulsione sessuale) e facendo intuire che si vedrà una galleria di immagini femminili tra cui fare una scelta.

Nel secondo oggetto il contesto della comunicazione è però molto più chiaro, così come il vantaggio concreto per l'utente, mentre si continua a far leva sulla pulsione sessuale. Si capisce molto più facilmente il contenuto della promozione, si chiarisce che si tratta di un concorso e si contestualizza il tutto in un ambito molto più chiaro (quello delle corse motociclistiche).

Novità dalla Acme 👎
Nuovi ponteggi di sicurezza ad aggancio rapido 👍
Aggancia i tuoi ponteggi alla ripresa 👍

Nel primo oggetto non si spiega né quali siano i vantaggi riservati al lettore o le notizie trattate, né si aiuta in alcun modo la memoria dell'utente che deve collegare il mittente ai contenuti proposti (cosa produce la Acme? Dove si trova? Perché le loro novità dovrebbero interessarmi?). Se almeno il nome dell'azienda fosse stato completato con la loro specializzazione (per esempio Acme Ponteggi), l'oggetto sarebbe stato già più accettabile.

Il secondo e il terzo oggetto sono molto più chiari e contestualizzati (il secondo è anche più creativo), non ripetono inutilmente il nome dell'azienda (che dovrebbe già essere nel mittente) e richiamano alcuni concetti chiave nell'industria di riferimento del produttore (concretezza e convenienza).

Newsletter n. X ☞

Questo è un esempio classico di incapacità di porsi nei panni del lettore. Non si spiegano né i vantaggi a lui riservati (ammesso che ce ne siano) o le notizie trattate, né si aiuta in alcun modo la memoria dell'utente, che deve collegare il nome della struttura al posto e ai contenuti di solito proposti.

In questo caso sarebbe naturalmente buona norma mettere in evidenza la notizia o l'offerta di punta di questo messaggio fin dall'oggetto (ovviamente anche nel layout del messaggio gli aspetti che vengono enfatizzati nell'oggetto dovranno avere la giusta prevalenza).

CONCETTO CHIAVE n. 9: il mittente e l'oggetto sono due fattori critici che possono decretare il successo o il fallimento di una campagna di email marketing. Vanno quindi curati con grande attenzione e adeguatamente testati prima dell'invio.

Il formato del messaggio

La prima scelta che si impone quando si prepara un'email che verrà letta su numerosi client di posta diversi, oppure su servizi di webmail online, è quella tra formato testo oppure HTML.

Alcune ricerche mostrano come sia ormai abbastanza limitato il numero di utenti che ricevono mail solo in formato testuale. L'*Email Marketing Consumer Report 2009* di Contactlab riporta infatti che più del 45% degli utenti italiani dichiara di vedere subito le mail complete di immagini, mentre circa il 36% le scarica successivamente e il 9% non le scarica mai.

Oltre il 90% degli utenti inoltre dichiara di vedere i messaggi di posta elettronica in formato HTML, contro solo un 6% che dichiara di vederle in formato testo.

In ogni caso, il crescente uso di dispositivi mobili, soprattutto tra i quadri aziendali (cioè tra i decisori di acquisto), sta accrescendo la domanda di messaggi leggeri e facilmente scaricabili/leggibili su qualsiasi supporto.

Molti sistemi mailer professionali offrono inoltre la possibilità di visualizzare l'aspetto dei messaggi nei vari client di posta ancora prima di inviarli.

CONCETTO CHIAVE n. 10: è consigliabile utilizzare un formato HTML estremamente leggero, in cui le informazioni principali si leggano bene anche senza le immagini, dando sempre immediatamente la possibilità di accedere a una visualizzazione alternativa tramite un link testuale.

Scrivere il messaggio

Scrivere buoni testi email è soprattutto una questione di pratica, attenzione e metodo. Un primo sistema per ottenere testi chiari e sintetici consiste nell'accantonare la prima versione del testo che si è scritto per qualche ora, o per una notte intera, per poi rileggerlo con lo scopo di eliminare le informazioni non strettamente necessarie e i passaggi che risultano poco chiari a una seconda lettura.

Possibilmente **bisognerebbe far leggere tutto a qualcuno che non conosca i contenuti** di quanto viene proposto, per poi chiedergli cosa ha capito e se risulta chiaro il messaggio principale che si vuole trasmettere. Dopo di che... Si devono eliminare le informazioni superflue (di nuovo)!

Attenzione però, **scrivere messaggi brevi non significa escludere informazioni importanti per il lettore!** Al contrario, il testo deve contenere tutti gli argomenti più interessanti e invitare naturalmente l'utente ad approfondire la cosa sul sito per scoprire tutti i dettagli.

Essere concisi significa utilizzare poche parole per illustrare i nostri argomenti più importanti, cercando di usare la terminologia più appropriata, ma in maniera intuitiva e chiara, al fine di attirare l'attenzione e incuriosire. Bisogna mettere subito in evidenza i benefici per l'interessato, fornendo delle motivazioni concrete all'approfondimento senza "inondarlo" di spiegazioni e dettagli secondari.

In sostanza, quindi, il messaggio email dovrebbe sempre avere una struttura "progressiva", facendo riferimento al sito web per tutti quegli approfondimenti che non apportano informazioni fondamentali per la decisione dell'utente.

Per il testo del messaggio sono validi tutti i concetti già visti per la creazione dell'oggetto. In particolare, risultano vincenti la suggestione e l'immedesimazione che i testi sono in grado di generare nel lettore, la capacità cioè di spingere chi legge a immaginarsi nella situazione richiamata facendo leva su desideri e aspirazioni, in modo da far apprezzare immediatamente i vantaggi di quanto viene proposto e spingere l'utente all'azione.

CONCETTO CHIAVE n. 11: nello scrivere il testo di un messaggio bisogna sempre superare la naturale barriera di diffidenza dell'utente. Per questo non vendiamo "prodotti" o "servizi", ma "soluzioni". Non ci sono "caratteristiche tecniche" ma "vantaggi". Non si deve dire tutto, ma invitare ad approfondire sul sito.

È sempre buona norma inoltre **dire solo ciò che è vero e verificabile** (tutte le informazioni principali su Internet sono solo a un click di distanza) e che presenta dei profili di **novità per il destinatario**.

Non esiste una lunghezza di mail ideale per ogni tipologia di messaggio, anche perché la parte visibile prima dello scorrimento (cosiddetta sopra la piega) è molto variabile.

Solo se il messaggio non diventa troppo lungo, può essere utile ripetere i concetti principali in forme diverse almeno un paio di volte, in modo da essere sicuri di passare il messaggio giusto. Anche l'uso di campi personalizzati con riferimenti al destinatario (ed esempio: citare il suo nome), sia nell'oggetto che nel testo del messaggio, porta a incrementi sostanziali nei tassi di apertura e nel numero di click ottenuti.

Così come evidenziato per l'oggetto, **è bene porre chiari limiti temporali o numerici alle offerte** (Valida fino al…, Solo X posti rimasti o similari): la scarsità incentiva l'utente a passare immediatamente all'azione senza accantonare il messaggio, pensando di poter procedere all'acquisto in un secondo momento.

CONCETTO CHIAVE n. 12: le statistiche (e il buon senso) dimostrano infatti che un messaggio accantonato ha oltre il 90% di probabilità di non essere mai più riaperto.

Tutti noi, dopo un certo tempo pensiamo che se un messaggio non ha meritato la nostra attenzione o un'azione immediata in fondo non doveva poi essere particolarmente importante.

Inserire un **prezzo crescente all'avvicinarsi della data limite** o suggerire che il prezzo potrebbe cambiare rientra sempre nella strategia di incentivare l'azione immediata. Anche lo stile e la scelta delle parole sono importanti. I messaggi più di successo non sono scritti secondo paradigmi invariabili, ma sono frutto di uno stile personale del mittente, che magari nel corso di anni ha affinato il tono giusto per i sui lettori.

La scelta tra il tu o un tono meno colloquiale è abbastanza personale e dipende anche dalla grandezza e dal livello della struttura. Se si ha a che fare con un target business è più prudente di solito mantenere un certo distacco (l'eccessiva familiarità potrebbe essere percepita da qualcuno come mancanza di professionalità), mentre se si parla con famiglie o con consumatori finali è opportuno usare uno stile amichevole e rilassato.

In ogni caso, una volta battezzata la scelta più corretta, bisogna comportarsi di conseguenza in tutte le parti del messaggio (ad esempio nei testi dei pulsanti o nei link che chiamano all'azione), così come nella pagina o nel sito di "atterraggio".

Bisognerebbe comunque sempre evitare di essere troppo impersonali. Scrivere "Noi ti offriamo…" rispetto a "La Acme ti offre…", oppure "Scopri le novità sul nostro sito" rispetto a "Clicca qui" sono approcci molto diversi e che nel lungo periodo premiano sempre chi è più bravo a creare un legame forte con i suoi utenti. Il lettore deve avere il dubbio di essere l'unico destinatario del messaggio, anche se razionalmente sa bene che ciò non può essere vero.

I messaggi con verbi all'infinito (usare, scegliere, acquistare ecc.) sono più chiari ma meno personali, mentre gli imperativi (clicca, leggi, apri, continua ecc.) sono a volte meno comprensibili ma più diretti e adatti soprattutto per la chiamata all'azione ("Acquista ora", "Scopri l'offerta!" oppure "Scarica il documento").

Il testo infine **deve "suonare" bene**, scorrere senza intoppi, cambi di ritmo, errori di battitura, termini troppo lunghi e complessi, parole in lingue straniere non di uso comune o tecnicismi non necessari.

Particolarità dei messaggi di offerta diretta

In questo tipo di messaggi l'obiettivo principale è normalmente una vendita immediata. Avremo successo quindi se il nostro utente procederà all'acquisto oppure farà qualcuna delle azioni obiettivo secondarie: visitare il sito, scaricare qualche documento di approfondimento, registrarsi per una certa promozione ecc.

Riguardo alla quantità di offerte, bisogna però anche tenere presente che più scelte alternative si propongono al destinatario e maggiore sarà il suo imbarazzo nel prendere una decisione (la cosiddetta "paralisi della scelta").

Indipendentemente dagli obiettivi specifici, ogni messaggio promozionale dovrebbe comunque rispondere almeno alle seguenti domande:

- **Chi propone l'offerta** o ne è responsabile?

- **Cosa viene offerto?** Con una descrizione breve delle caratteristiche principali dell'offerta in grado di incuriosire e spingere all'approfondimento;

- **Quanto costa ciò che viene offerto?** (Se è possibile);

- **Dov'è la convenienza?** Lo sconto, il risparmio o il guadagno (non solo in termini economici);

- **Quando** (o fino a quando) **è possibile usufruire dell'offerta?**

- **Spinta all'azione immediata** attraverso prezzi crescenti, o facendo leva sulla scarsità o su scadenze ravvicinate;

- **Risoluzione anticipata delle obiezioni e garanzie.** Questo è il prodotto/servizio giusto per le mie esigenze? E se poi non lo fosse?

- **Come approfondire?** Con rinvio magari a una pagina creata appositamente per canalizzare l'utente verso la vendita, senza tutte le distrazioni offerte da un sito completo;

- **Come acquistare?** Attraverso una "chiamata all'azione" chiara e inequivocabile, ripetuta anche in vari formati (link testuale, bottone grafico) e in vari punti del testo (senza diventare ossessivi);

- **Dove si trova chi propone l'offerta?** (Ammesso che ciò sia rilevante per l'offerta);

- **Chi posso contattare?** Riferimenti (postali, telefonici, mail, web) di una struttura fisica per ottenere maggiori informazioni (e per rassicurare psicologicamente l'utente);

- **Come sono finito in questa lista?** Riaffermare in qualche modo il "patto" iniziale tra mittente e destinatario è cosa molto importante, per conferire credibilità ai contenuti dell'offerta;

- **Ultima chance...** Se l'offerta principale non convince, cosa si può proporre di realmente interessante per l'utente?

CONCETTO CHIAVE n. 13: nelle offerte dirette (DEM) è fondamentale spingere il lettore all'azione immediata verso l'obiettivo principale del messaggio (vendita) o uno degli obiettivi secondari (visita al sito, registrazione in nuovi servizi ecc.).

Particolarità delle newsletter

Secondo il rapporto *Email Newsletter Usability* del gruppo Nielsen Norman (vedi Bibliografia essenziale), escludendo le motivazioni di natura sociale, i motivi principali per cui ci si iscrive a una newsletter sono:

- **tenersi informati sulle novità di un settore** senza dover cercare informazioni su molti siti diversi;

- **risparmiare, trovare occasioni vantaggiose o fare affari**.

Il principale canale di diffusione delle newsletter è il passaparola. Per questo il nome prescelto deve essere descrittivo, evocativo ma conciso, in modo da rendere immediatamente chiaro di cosa si parla, essere facile da ricordare e richiamare alla mente il nome o il brand dell'azienda promotrice.

La scelta della denominazione di una newsletter è un processo molto simile a quello già visto per l'oggetto, ma ancora più estremo (il risultato sarà un titolo di due o tre parole al massimo). Alla denominazione andrà poi affiancata una descrizione breve (cinque o sei parole al massimo) relativa ai contenuti e alle altre caratteristiche distintive degli argomenti trattati.

Questo *pay off* dovrà essere sempre presente in posizione preminente (in alto a sinistra) nell'impostazione grafica della newsletter.

Per quanto riguarda i contenuti, senza entrare nello specifico degli argomenti trattati, una newsletter dovrebbe sempre rispondere a queste domande:

- **Chi** sta scrivendo o è responsabile di quello che si scrive?

- **Di cosa tratta questa newsletter?** Il nome stesso della newsletter e una sua brevissima descrizione (o una semplice intestazione), messe debitamente in evidenza, dovrebbero essere sufficienti a capire di cosa si parla;

- **Quali sono le informazioni oggetto principale di questo messaggio?** Se i contenuti non sono già chiari dopo aver letto il nome della newsletter;

- **Che vantaggio avrò seguendola?** I più gettonati sono: l'aggiornamento professionale, conoscere le novità su un certo argomento (che altrimenti dovrei cercare) e trovare affari o occasioni di risparmio;

- **Ciò che leggo è attuale/valido?** Si tratta di informazioni aggiornate o perdo tempo a leggerle?

- **Come approfondire?** Ovvero i richiami diretti alle pagine con i dettagli di approfondimento;

- **Di cosa si parlerà nei prossimi invii?** (Ammesso che esista una pianificazione dei contenuti e abbia senso autopromuovere gli argomenti che verranno trattati);

- **Dove si trova chi mi scrive?** (Ammesso che sia un'informazione rilevante);

- **Come contattare chi scrive** per avere maggiori informazioni o approfondimenti?

- **Come sono finito in questa lista?** Come per le offerte dirette, questa informazione serve soprattutto a dare un'immagine di affidabilità e professionalità;

- **Ultima chance...** Se questi contenuti non mi interessano, si può offrire qualcos'altro di interessante?

Sempre secondo il report del gruppo Nielsen Norman, i motivi principali per cui gli utenti affermano di cancellarsi da una newsletter sono:

- la frequenza di invio eccessiva;

- lo scarso interesse per i contenuti proposti.

CONCETTO CHIAVE n. 14: in una newsletter risultano fondamentali la qualità delle offerte o dei contenuti proposti, la denominazione e la chiarezza sugli argomenti trattati e una frequenza non troppo ravvicinata.

Azione obiettivo, call to action e last chance

Ogni messaggio dovrebbe avere un'azione obiettivo principale e uno o più obiettivi secondari ben determinati. Detto in altri termini, prima di inviare un'email dobbiamo stabilire cosa ci interessa che l'utente faccia, dandogli anche, se possibile, delle alternative e organizzare tutto il messaggio in funzione di questo.

A seconda che l'obiettivo principale sia una vendita immediata o semplicemente fare in modo che il lettore si ricordi di noi, la struttura e i contenuti del messaggio potranno essere anche molto diversi.

In ogni caso, all'interno del messaggio dovranno sempre essere presenti una o più chiamate all'azione (call to action), nei punti in cui agli utenti sono state già date sufficienti informazioni per aspettarsi una reazione, e comunque in corrispondenza di link o immagini cliccabili.

I punti di chiamata all'azione dovrebbero essere evidenziati all'interno dell'interfaccia rispettando la priorità di ciascun obiettivo. Quello principale dovrà sempre avere ovviamente la massima evidenza, sia in termini di posizione che grazie a elementi grafici appositamente predisposti (riquadri, colori ecc.).

Se possibile, **le varie call to action andrebbero ripetute nel testo in vari formati** (bottone grafico, link individuale con indirizzo in <u>anchor text</u> oppure link parlante organico al testo) e in vari punti del messaggio.

In generale si può affermare che in un messaggio promozionale diretto, strutturato attorno a un'unica azione obiettivo, raggiungono la massima efficacia in termini di numero di click (e di conversioni) le chiamate all'azione inserite tra i primi elementi dell'email e quelle verso la fine del messaggio.

Questo perché se il lettore ci conosce già, e si fida di noi, gli basterà il solo nostro richiamo su un certo prodotto o servizio per accendere in lui un certo interesse (da cui i click sulla prima chiamata all'azione).

Se invece il lettore non ci conosce più di tanto e vuole approfondire meglio prima di fare un'azione qualsiasi (e il testo lo invita a farlo), molto probabilmente sceglierà di cliccare sulle ultime chiamate all'azione.

Verso la fine del messaggio si dovrebbe poi anche inserire almeno un'ultima possibilità (o last chance) di approfondimento o di link a temi collegati al contenuto principale. Anche la semplice firma con indirizzo web del sito del mittente è di fatto una last chance molto efficace.

In questo senso può essere utile, ad esempio, un piè di pagina con link ad altre tipologie di offerte o contenuti presenti sul sito e non direttamente reclamizzati nel messaggio.

Bisogna però essere un po' cauti nell'uso delle ultime chance, in quanto potrebbero trasformarsi in una distrazione durante il processo di canalizzazione dell'utente verso l'azione obiettivo. Per questo non sempre il loro uso è opportuno.

CONCETTO CHIAVE n. 15: funzionano bene come last chance tutti i contenuti che possono rivestire un certo interesse per l'utente e che sono alternativi a quelli proposti, ma che rimangono nella stessa area tematica. Bisogna però stare attenti a non distrarre l'utente mentre sta portando a termine un acquisto o un'altra operazione complessa.

Usabilità dell'interfaccia

Secondo il già citato studio del gruppo Nielsen Norman sull'usabilità delle newsletter (vedi Bibliografia essenziale) in media gli utenti dedicano alla lettura di una newsletter che già conoscono meno di un minuto.

Come avviene anche per i giornali, in realtà gli utenti non leggono tutti i testi ma scorrono i contenuti con lo sguardo fino a quando non trovano qualche parola o immagine che attira la loro attenzione e, solo in quel caso, leggono effettivamente il testo che si trova nelle vicinanze. Per questo è necessario porre in primo piano le informazioni più importanti ed evidenziare in maniera chiara ciò che riteniamo di maggior interesse tramite i colori, il carattere e la posizione preminente, all'inizio del messaggio o nella parte sinistra in alto (che è la prima e più guardata). Non bisogna inoltre mai dimenticare che i primi elementi del layout sono quelli che convincono l'utente ad andare avanti nello scorrimento del messaggio (la già citata area sopra la piega).

Per questo è sempre consigliabile enfatizzare i titoli, i sottotitoli e usare il grassetto per i passaggi principali del testo (oppure in alternativa cambiare il colore e/o il carattere) e spaziare verticalmente separando i periodi e le aree che trattano argomenti diversi con interlinee maggiorate, linee separatrici, elenchi puntati o numerati, oppure con leggeri colori di sfondo o sfumature diverse. In questo modo si stimola la lettura, facilitando la comprensione immediata degli argomenti trattati, senza obbligare a leggere parola per parola tutto il testo (i vostri utenti vi saranno grati per questo).

Riportiamo qui di seguito i risultati di un'analisi di *eye tracking* su un testo assolutamente identico, formattato in quattro modi differenti. In questo tipo di esame le parti colorate in giallo e rosso indicano dove l'occhio del lettore si è soffermato più a lungo, le barre rosse orizzontali segnano i limiti delle porzioni di schermo visibili grazie all'uso delle barre di scorrimento e le piccole croci viola indicano i click degli utenti.

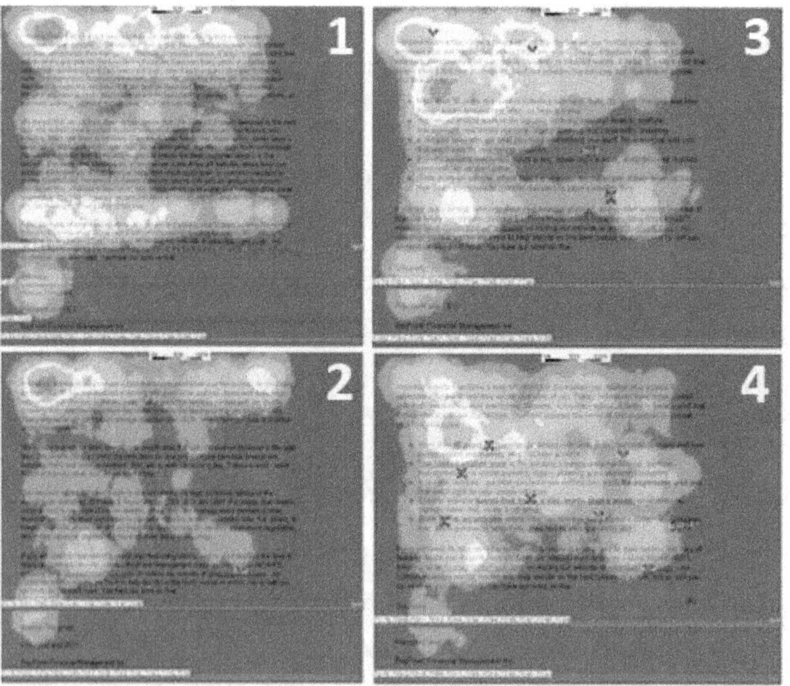

Fonte: *Email Marketing Benchmark Guide 2009* di Marketing Sherpa.

- nel primo caso (in alto a sinistra) si propone un testo in tre blocchi piuttosto grandi, senza alcuna evidenziazione di parole o altri elementi grafici;

- nel secondo (in basso a sinistra) si è di fronte a un testo con i paragrafi separati uno dall'altro;

- nel terzo (in alto a destra) gli stessi paragrafi vengono suddivisi con punti elenco;

- nel quarto (in basso a destra) si usano anche passaggi evidenziati in grassetto e/o sottolineati.

L'analisi sottolinea in maniera abbastanza evidente quanto sia progressivamente più efficace il testo passando dal blocco unico al paragrafo con punti elenco e parole in grassetto.

La formattazione più elaborata diminuisce infatti la concentrazione dell'attenzione degli utenti sull'inizio e sulla fine del testo, favorendo la lettura approfondita (almeno delle parti iniziali di ogni punto elenco) e facendo crescere notevolmente anche i click nella seconda parte del testo.

In generale, se si riesce a capire bene di cosa tratta il messaggio leggendo solo le frasi in grassetto e quelle evidenziate con altri formati, colori ed elementi grafici, vuol dire che abbiamo fatto un buon lavoro. Naturalmente va sempre tenuto presente che più cose si evidenziano e minore sarà l'attenzione che attireremo su ognuna di esse (gli americani al riguardo dicono: *more is less*).

Oltre a una formattazione generale dell'email attenta all'usabilità, bisogna anche consigliare l'uso di <u>caratteri web safe</u>, non troppo <u>chiusi</u> e senza <u>grazie</u>, a meno che non si propongano testi molto lunghi (sconsigliato nella maggior parte dei casi).

È anche importante non usare frasi del tipo "Clicca qui", ma link testuali descrittivi in cui la pagina di destinazione non dovrà sorprendere l'utente con contenuti che non si aspetta (va descritto bene cosa troveranno).

Se si rinvia a un modulo di iscrizione online, bisogna specificarlo (meglio evitare form inseriti nella struttura della mail, dato che alcuni utenti potrebbero avere problemi a usarli).

Se si avvia il download di un documento occorre specificarlo, indicando anche la grandezza del file (soprattutto se si tratta di file molto grandi) ed evitando, se possibile, picchi di uso causati da invii molto numerosi e ravvicinati che potrebbero aumentare sensibilmente il tempo di scaricamento.

Anche la lunghezza delle righe di testo non dovrebbe mai essere eccessiva (indicativamente non più di ottanta caratteri), in modo da non ostacolare la leggibilità (maggiore è lo stacco tra la fine di una riga e l'inizio di quella successiva e più alte saranno le possibilità di perdere il segno e il filo del discorso).

In sostanza quindi anche per la struttura di un messaggio email valgono tutte le indicazioni di massima valide per una pagina web, più alcune specifiche di dettaglio:

- **evitare l'eccessiva complessità della pagina** (anche per non incorrere nei filtri antispam);

- **considerare che molti destinatari non vedranno affatto le immagini** e quindi impostare, per quanto possibile, il messaggio in modo che le informazioni principali siano comunque leggibili anche senza immagini;

- **non utilizzare più di tre-quattro colori e un limitato numero di caratteri** (inteso in termini di font diversi, non come lunghezza del testo);

- **separare le frasi con interlinee verticali vuote ed elenchi puntati** (facilita molto la lettura, ma troppe righe vuote sono a rischio di filtraggio spam, quindi non si deve esagerare);

- **evidenziare in maniera chiara ciò che è cliccabile** (tramite la sottolineatura, i colori e una formattazione unica ed esclusiva).

La grafica

L'impostazione grafica del messaggio deve essere predisposta in modo tale da rendere immediatamente identificabile il brand del sito mittente e fare in modo che si riesca a leggere subito le informazioni principali e il nome dell'azienda mittente, anche senza immagini.

Il livello degli elementi grafici utilizzati e il layout generale della pagina sono molto importanti perché conferiscono credibilità al messaggio (così come possono distruggerla in un istante).

Non ci si può presentare come un punto di riferimento per un certo settore e poi utilizzare una grafica scadente, magari molto colorata e fitta (senza i necessari spazi vuoti di riequilibrio), oppure immagini di bassa qualità e poco esplicative/evocative.

La grafica è il mezzo principale per ottenere un impatto emozionale positivo, per conferire credibilità al corpo del messaggio e per impressionare positivamente circa il livello dei servizi offerti.

Bisogna poi tenere conto delle dimensioni della finestra di visualizzazione che userà l'utente (vedi area sopra la piega), in cui comunque dovranno essere visibili tutti gli elementi principali che compongono il layout del messaggio.

Per favorire al massimo lo scorrimento del testo e l'individuazione dei contenuti di interesse dell'utente, si deve il più possibile distinguere graficamente i contenuti pubblicitari dal resto del testo.

CONCETTO CHIAVE n. 16: i messaggi non verbali che si trasmettono attraverso l'impostazione grafica dell'email devono essere in linea con i contenuti. Se c'è molto contrasto, l'effetto inevitabile sarà la scarsa conversione delle campagne.

Uso delle immagini

Secondo l'ultimo *Email Marketing Consumer Report* di Contactlab (vedi Bibliografia essenziale) circa il 36% degli utenti italiani dichiarano di non vedere subito le immagini, ma di scaricarle solo successivamente, mentre il 9% invece non le scarica affatto.

Le immagini usate nelle email dovrebbero essere comunque molto leggere e collegate a una migliore comprensione degli argomenti trattati.

Dal punto di vista tecnico inoltre è meglio suddividere le immagini molto grandi (che andrebbero comunque evitate il più possibile) in sezioni più piccole sovrapposte, in modo da risultare meno "sospette" per i filtri antispam e favorire il download, anche parziale, in caso di malfunzionamenti o irraggiungibilità del server mittente.

Dovrebbero essere inserite nel testo solo se aiutano il lettore a capire di cosa si parla o se tentano di coinvolgerlo emotivamente. Una bella immagine spesso può sostituire molte parole, e lo stesso vale per un buon grafico o una tabella comparativa. Va anche considerato il fenomeno della cosiddetta "cecità ai banner", la capacità sviluppata dai navigatori abituali di ignorare qualsiasi cosa appaia come un banner pubblicitario.

Vanno limitate le immagini di sfondo molto contrastate con il testo (che spesso ostacolano la lettura senza fornire un reale valore aggiunto all'impatto grafico-emotivo del messaggio), così come le gif animate e le animazioni in flash o applicazioni simili (che comunque non sarebbero visibili nella maggior parte dei client di posta). Il colore di fondo bianco o molto chiaro aumenta l'importanza del testo e non distoglie l'attenzione del lettore.

I primi elementi sopra la piega sono fondamentali per spingere all'approfondimento e non dovrebbero quindi essere mai costituiti da una pubblicità, da una presentazione troppo lunga (se l'utente riceve il messaggio dovrebbe già conoscerci) o da immagini troppo grandi e poco accattivanti (lo spazio prima della piega è poco e va usato bene!).

Ogni immagine dovrebbe sempre essere corredata da un breve testo alternativo di spiegazione, perché circa un utente su dieci non le vedrà affatto e fino a quattro utenti su dieci decideranno se scaricarle solo dopo aver dato un'occhiata alla versione testuale del messaggio.

È fondamentale **fornire indicazioni** concise e circostanziate **circa lo scopo per cui quell'immagine è stata inclusa nel messaggio** (senza esagerare con descrizioni eccessive, soprattutto se ci sono molte immagini e quindi molti testi alternativi diversi).

Potrebbe anche essere una buona idea inserire delle brevi didascalie direttamente visibili nel layout del messaggio, in quanto alcuni client email non mostrano i testi alternativi (ALT tag).

Pochi "effetti speciali" e molto branding quindi, con richiami al logo e ai tratti grafici distintivi dell'azienda mittente. Lo studio *Email Marketing Benchmark Guide* di Marketing Sherpa (vedi Bibliografia essenziale) ha bene evidenziato che è molto efficace in termini di conversioni (con tassi di click più che triplicati) l'uso di immagini che simulano la presenza di un video (il classico player YouTube con il triangolo in sovraimpressione). Gli utenti sono infatti ormai assolutamente abituati a usare contenuti multimediali durante la loro navigazione e li gradiscono molto.

CONCETTO CHIAVE n. 17: un'immagine vale più di molte parole. Ma deve essere di buona qualità, funzionale ed esplicativa rispetto agli argomenti trattati, oppure mirata a suscitare emozioni positive, altrimenti si rischia di dare messaggi non verbali controproducenti rispetto all'obiettivo della comunicazione.

Il destinatario

Nel campo "A" dovrebbe sempre esserci un destinatario univoco e un'email identificabile dall'utente, in modo da dare l'impressione di una comunicazione "uno a uno" ed evitare i filtri antispam, aumentando così i tassi di apertura.

Non bisogna assolutamente mai inserire tutti i destinatari nel campo "Cc" (Copia conoscenza), in modo che tutti possano vedere quelli che hanno ricevuto il messaggio (si tratta di una pratica che viola palesemente la legge sulla privacy).

Allo stesso modo va evitato l'inserimento degli indirizzi nel campo "Ccn" (Copia conoscenza nascosta), perché il fatto di non trovare il proprio indirizzo nel campo destinatario dà al lettore un'impressione di scarsa professionalità, diminuisce i tassi di apertura ed è un elemento valutato negativamente dalla maggior parte dei sistemi antispam.

Nessun sistema _mailer_ professionale dovrebbe infatti consentire l'utilizzo di queste impostazioni.

CONCETTO CHIAVE n. 18: nel campo destinatario ci deve essere un solo indirizzo: quello dell'utente che riceve l'email. Tutte le altre possibilità sono da evitare.

Intestazione e piè di pagina

L'intestazione di testo è la prima cosa visibile del nostro messaggio email e, in quanto tale, va curata con attenzione. È innanzitutto necessario allinearla a sinistra o al centro (per evitare problemi di visualizzazione parziale) e dovrebbe sempre riportare almeno il link a una visualizzazione alternativa su un sito web (nel caso di messaggi in formato HTML, ovviamente). In questo modo, anche se tutto il resto del messaggio è confuso o invisibile, con questa sola riga di testo si riesce a non perdere un potenziale lettore.

Molti siti di e-commerce usano l'intestazione anche per spingere l'utente a inserire l'indirizzo del mittente tra quelli attendibili, sfruttando il fatto che questo gli permetterebbe di vedere fin da subito tutte le immagini (e consentirebbe a chi spedisce di essere sicuro che tutti i futuri messaggi saranno ricevuti senza problemi, ovviamente).

Il piè di pagina è invece il posto dove la maggior parte degli utenti si aspetta di trovare le indicazioni sulle modalità di rimozione dalla lista e i dettagli del disclaimer sulla privacy.

Buona cosa sarebbe anche riaffermare il motivo per cui il destinatario riceve il messaggio (iscrizione alla newsletter di X, o a seguito dell'acquisto Y ecc.), ove ciò non sia stato già chiarito nel messaggio.

La procedura di rimozione deve essere la più semplice, automatica, immediata e intuitiva possibile. Vanno quindi usate parole chiare e inequivocabili come "Cancella" o "Rimuovi l'indirizzo dai destinatari", evidenziando bene il relativo link.

Meglio, se possibile, includere l'indirizzo a cui la email è stata inviata in modo da facilitare l'individuazione della casella da rimuovere in caso di alias nascosti o di indirizzi di cui anche il destinatario non ricorda più l'esistenza.

CONCETTO CHIAVE n. 19: è fondamentale inserire nell'intestazione un link di visualizzazione alternativa e nel piè di pagina una procedura semplice e automatica per rimuoversi dalla lista. Ostacolare la cancellazione servirà solo ad abbassare i tassi di conversione aumentando il rischio di essere percepiti come spammer.

La firma

Abbiamo già visto come la firma sia un classico meccanismo di last chance (se è completa del link al sito del mittente e dei dati di contatto).

È importante anche **inserire riferimenti geografici precisi** (indirizzo postale) se all'interno dell'offerta o della newsletter non si fa riferimento ad alcuna localizzazione, in modo da rassicurare psicologicamente il lettore circa l'esistenza di una sede fisica del mittente.

È abbastanza importante che la firma identifichi una persona che faccia indirettamente da "garante" di quanto viene proposto nel testo della email e sia poi il riferimento principale in caso di chiarimenti, informazioni e reclami.

L'identificazione personale contribuisce in maniera determinante a rendere il messaggio meno generico. Può essere una buona idea completarla con eventuali profili nei social network (Facebook, Twitter ecc.) e dati di contatto per i più diffusi sistemi di messaggistica immediata (Skype, MSN Messenger ecc.), in modo da fornire ampi riferimenti di contatto.

Gli esempi, i testimonial e i partner importanti

L'uso di esempi vincenti o di testimonial realistici che affermano di essere rimasti molto soddisfatti del servizio ricevuto ha un effetto enorme sui tassi di conversione.

L'effetto positivo è ancora maggiore se questi commenti sono ripresi da servizi indipendenti gestiti da terze parti (molti studi internazionali confermano che tutti i navigatori danno grande importanza al parere degli altri utenti finali di un servizio).

Riuscire a **indirizzare e gestire con efficacia i commenti** che gli utenti lasciano online sulla nostra azienda è già adesso un fattore critico di successo, e lo sarà sempre di più, in molti settori (si pensi ad esempio agli hotel).

Gli esempi pratici fanno capire meglio e prima

Per questo è sempre consigliabile mostrare applicazioni concrete dei prodotti o dei servizi proposti, anche perché così si può esporne molti vantaggi pratici e consentire agli utenti di immedesimarsi nelle situazioni prospettate.

L'uso di testimonial, cioè di personaggi noti, blogger o specialisti di settore, permette invece di sfruttare la spinta del normale istinto di rassicurazione sociale ed emulazione presente in ognuno di noi (lo abbiamo già detto: perché se c'è un gruppo di persone che guardano in una direzione ci guardiamo anche noi?). Allo stesso modo è importante mettere in evidenza i partner più noti della propria azienda o le organizzazioni conosciute o prestigiose che l'hanno già scelta (chiedendo prima il premesso di poter utilizzare il loro nome, ovviamente).

Incoraggiare la condivisione di contenuti
Soprattutto se si ha a che fare con consumatori finali, potrebbe essere un'ottima idea fornire anche nei messaggi email la possibilità di condividere i contenuti pubblicati nel sito da cui sono tratti i testi della newsletter o dell'offerta.

Molte analisi comportamentali hanno infatti dimostrato che, se ben sfruttato, questo può essere uno dei principali canali di ampliamento a basso costo della lista dei contatti, soprattutto se indirizzato a utenti chiave (i cosiddetti *trend setter*) che sono stati individuati nel corso del tempo per la notorietà in rete e la quantità di vendite o nuove iscrizioni generate dalle loro segnalazioni.

Sicuramente a questo proposito andranno considerati i social network, ma potrebbero tornare molto utili anche i principali siti di social bookmarking, i portali di social news e di social referencing (che nel nostro Paese sono però ancora in una fase di crescita). In questo modo si spingerà al massimo sull'effetto virale dei messaggi conferendo loro maggiore interattività e usabilità.

CONCETTO CHIAVE n. 20: incentivare la condivisione e la diffusione virale dei contenuti divulgati è una delle chiavi del successo delle moderne campagne di email marketing. Il passaparola telematico è uno degli strumenti migliori e più a basso costo per aumentare conversioni e nuove iscrizioni.

I prezzi delle offerte

Alcuni studi hanno dimostrato che lo stesso prodotto messo in vendita online tramite pagine assolutamente identiche registra tassi di vendite superiori fino al 20% se il prezzo finisce con 7, anziché con 9 o con 0 (ad esempio: 147 €, contro 149 € o 140 €).

Il prezzo rotondo (es.: 140 €) è il secondo in ordine di gradimento e poi, subito dopo viene quello che termina con 9 (es.: 149 €). Probabilmente tale effetto è dovuto all'abuso dei prezzi …9,99 fatto dagli specialisti di marketing di tutto il mondo negli ultimi anni, mentre la cifra tonda sembra forse più una valutazione commerciale, non legata al valore effettivo o di costo del prodotto. Per quanto riguarda altri aspetti valgono per l'email marketing le stesse considerazioni di tutti gli altri canali di vendita.

La verifica del messaggio

Un errore di battitura è un pessimo affare per un messaggio email (specialmente se è nell'oggetto), per il sito che lo invia, per chi lo scrive e, soprattutto, per l'azienda che c'è dietro al messaggio.

È sempre consigliabile affidare una verifica dei contenuti a una persona diversa da chi ha scritto il messaggio, ricorrendo, se possibile, a qualcuno specializzato nella redazione di testi promozionali. È sempre opportuno controllare il messaggio prima dell'invio, meglio qualche ora dopo averlo scritto o il giorno successivo, possibilmente di mattina. Con la mente e gli occhi riposati gli errori saranno più visibili. In ogni caso non si sbaglia sicuramente a far leggere il messaggio a qualcun altro (chiunque sia) chiedendogli poi cosa ha compreso e se tutto risulta chiaro.

Per quanto riguarda la verifica delle impostazioni grafiche è sempre bene utilizzare una serie di caselle di controllo da scaricare tramite Outlook (il sistema client di posta elettronica più diffuso nel mondo), tramite un sistema Macintosh e da visualizzare su Internet per mezzo di sistemi webmail dei provider più diffusi (in Italia sono Libero, Virgilio-Alice-Tim, Gmail, Hotmail e Yahoo). Questo vi consente di ottenere un doppio vantaggio:

- controllare come appare il vostro messaggio in tutte le interfacce webmail più diffuse;

- capire se ci sono eventuali problematiche di invio in quei servizi mail.

Molti strumenti mailer professionali consentono di verificare l'anteprima dei messaggi nei principali client di posta, facilitando ulteriormente il lavoro.

Alcuni esempi reali

Oggetto: Con Direct Line 2 mesi gratis di polizza Auto

L'oggetto è chiaro e molto attraente.

La call to action è chiara, ma è scritta solo nell'immagine (e se non l'avessi scaricata?).

perche' hai chiesto di   com di
Anteveni
accettando le condizioni relative al trattamento dei dati e relative all'invio di comunicazioni commerciali.
www.QuiAnnunci.com

Questa e-mail ti e' stata inviata da Antevenio per conto di terzi.
Antevenio non e' responsabile dei contenuti delle e-mail di terzi.

Non rispondere direttamentea questo messaggio.
Se non desideri piu' ricevere offerte e promozioni di terzi via email clicca qui sotto

CANCELLAZIONE e segui le istruzioni.

Il piè di pagina è un po' troppo elaborato ma complessivamente rimane efficace.

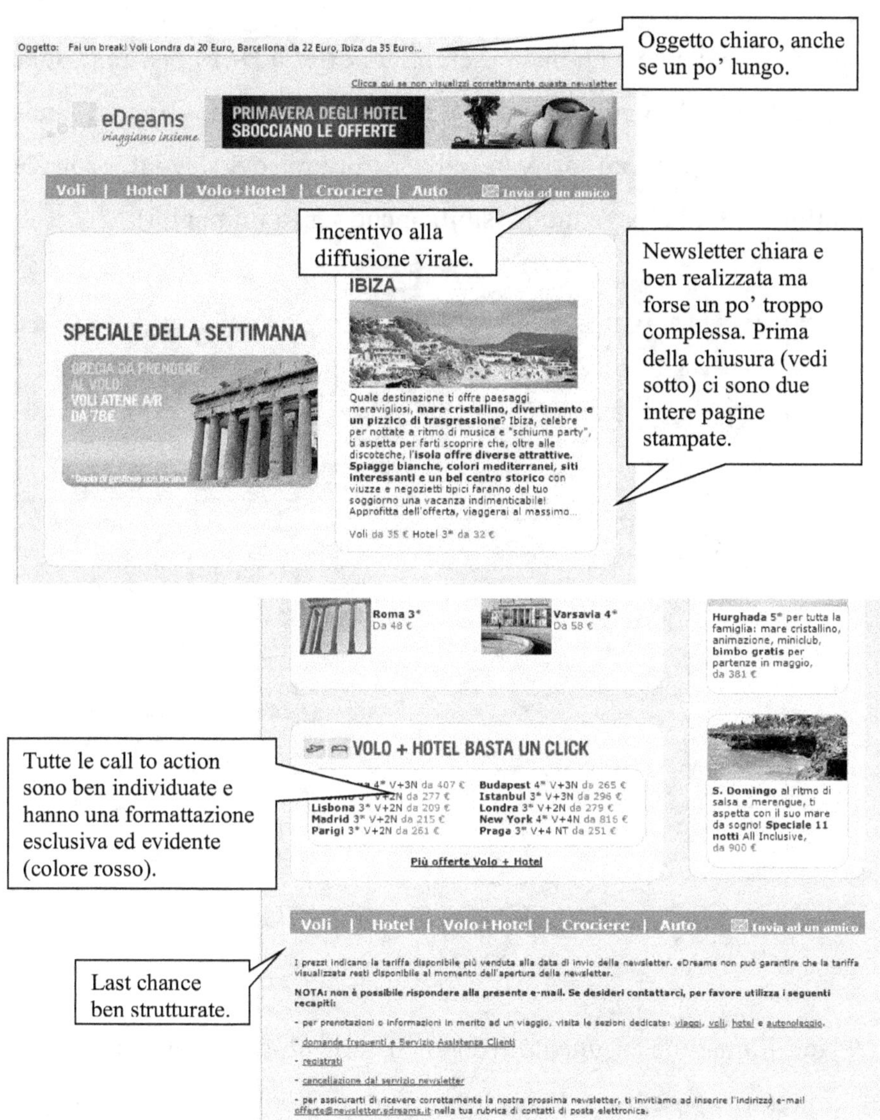

Oggetto chiaro, anche se un po' lungo.

Incentivo alla diffusione virale.

Newsletter chiara e ben realizzata ma forse un po' troppo complessa. Prima della chiusura (vedi sotto) ci sono due intere pagine stampate.

Tutte le call to action sono ben individuate e hanno una formattazione esclusiva ed evidente (colore rosso).

Last chance ben strutturate.

89

Quello seguente è un buon esempio di offerta DEM ben impostata a partire dall'oggetto (chiaro, inequivocabile e che ben sottolinea l'offerta), per poi arrivare alla struttura del layout (con le informazioni chiave tutte visibili anche senza immagini).

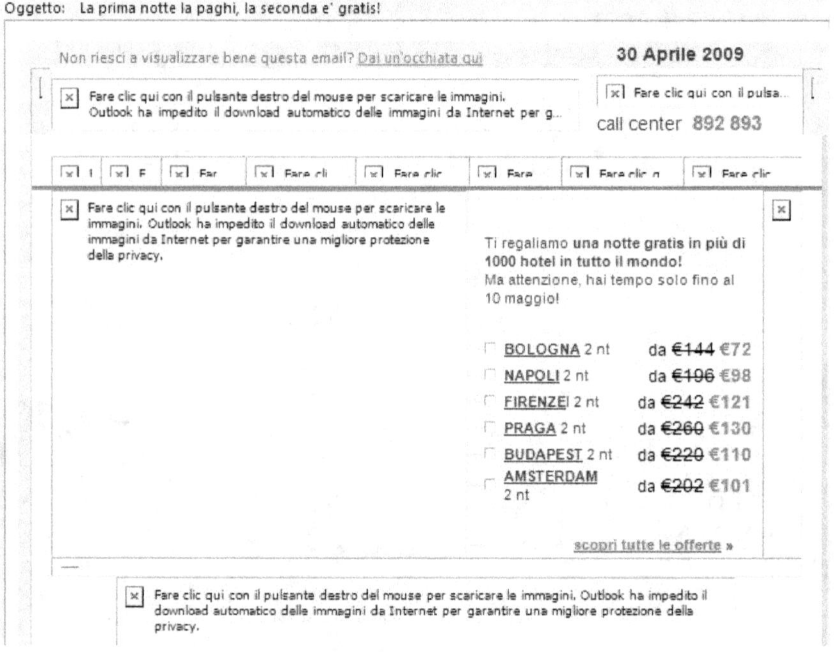

Nell'immagine seguente (dopo il download delle immagini) potremo apprezzare l'eccellente uso dei colori e del logo per ottenere il massimo effetto di branding. Da notare anche il buon livello grafico generale e l'impostazione molto chiara e leggibile di tutte le aree di contenuto.

Nella pagina seguente vediamo la seconda parte del messaggio e la chiusura con il piè di pagina.

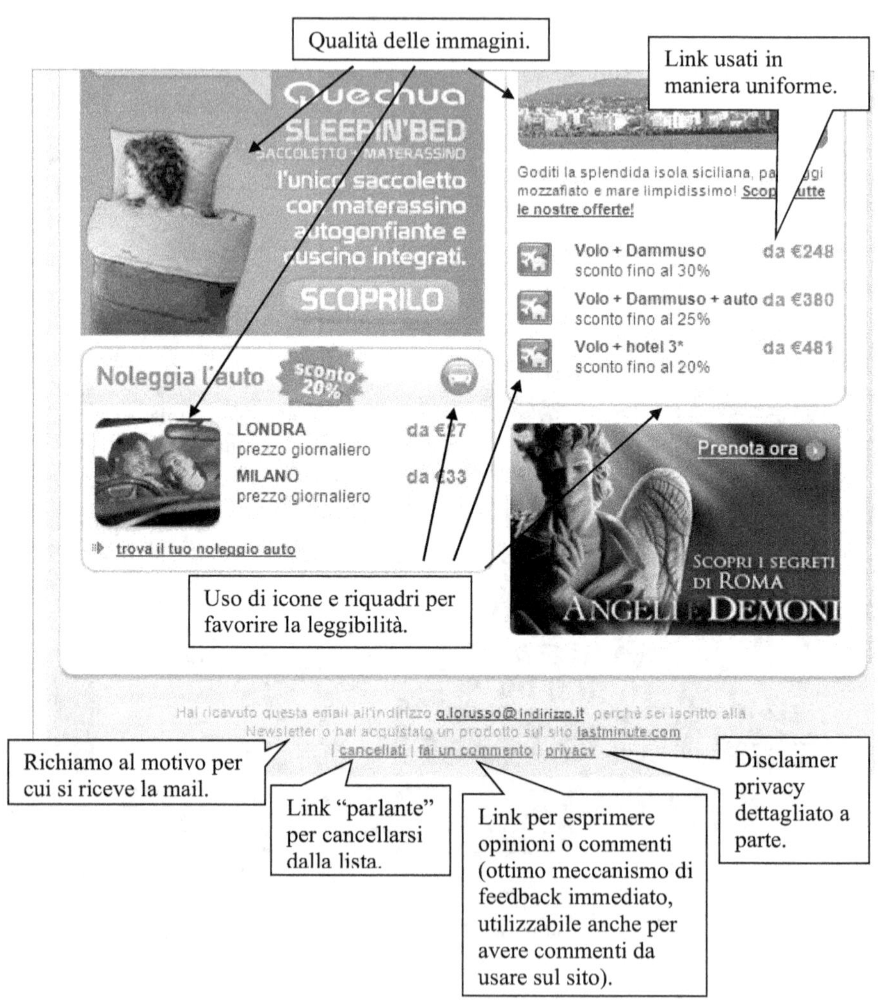
Qualità delle immagini.
Link usati in maniera uniforme.
Goditi la splendida isola siciliana, paggi mozzafiato e mare limpidissimo! Scop tutte le nostre offerte!
Volo + Dammuso   da €248
sconto fino al 30%
Volo + Dammuso + auto da €380
sconto fino al 25%
Volo + hotel 3*   da €481
sconto fino al 20%
Noleggia l'auto   sconto 20%
LONDRA   da €27
prezzo giornaliero
MILANO   da €33
prezzo giornaliero
trova il tuo noleggio auto
Prenota ora
SCOPRI I SEGRETI DI ROMA
ANGELI E DEMONI
Uso di icone e riquadri per favorire la leggibilità.
Hai ricevuto questa email all'indirizzo g.lorusso@indirizzo.it perché sei iscritto alla Newsletter o hai acquistato un prodotto sul sito lastminute.com
cancellati | fai un commento | privacy
Richiamo al motivo per cui si riceve la mail.
Link "parlante" per cancellarsi dalla lista.
Link per esprimere opinioni o commenti (ottimo meccanismo di feedback immediato, utilizzabile anche per avere commenti da usare sul sito).
Disclaimer privacy dettagliato a parte.

Di seguito troviamo un altro valido esempio di campagna dai contenuti ben impostati (anche dal punto di vista strutturale). La parte superiore del messaggio è senza immagini.

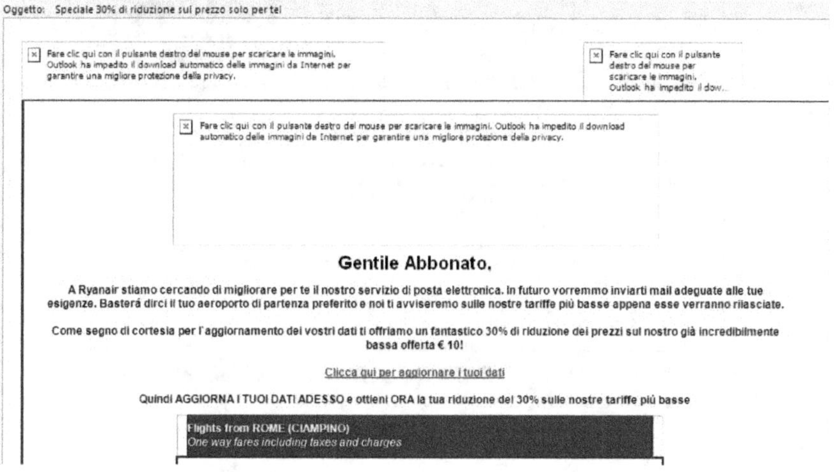

Anche se non è impeccabile dal punto di vista grafico (la pagina appare un po' sformata se si allarga la finestra oltre un certo limite), i contenuti sono estremamente mirati e accattivanti.

L'oggetto, il testo descrittivo e le call to action sono tutti intuitivi, ben scritti e sintetici. Nella pagina successiva si può vedere tutta la mail con le immagini.

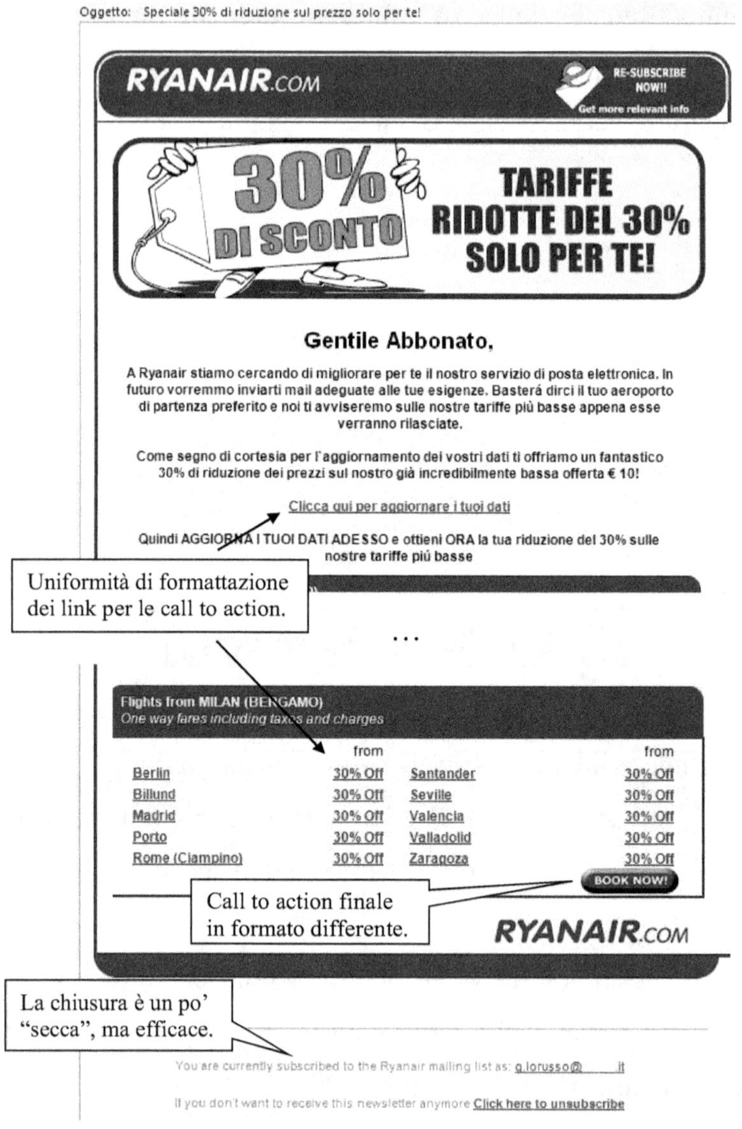

Uniformità di formattazione dei link per le call to action.

Call to action finale in formato differente.

La chiusura è un po' "secca", ma efficace.

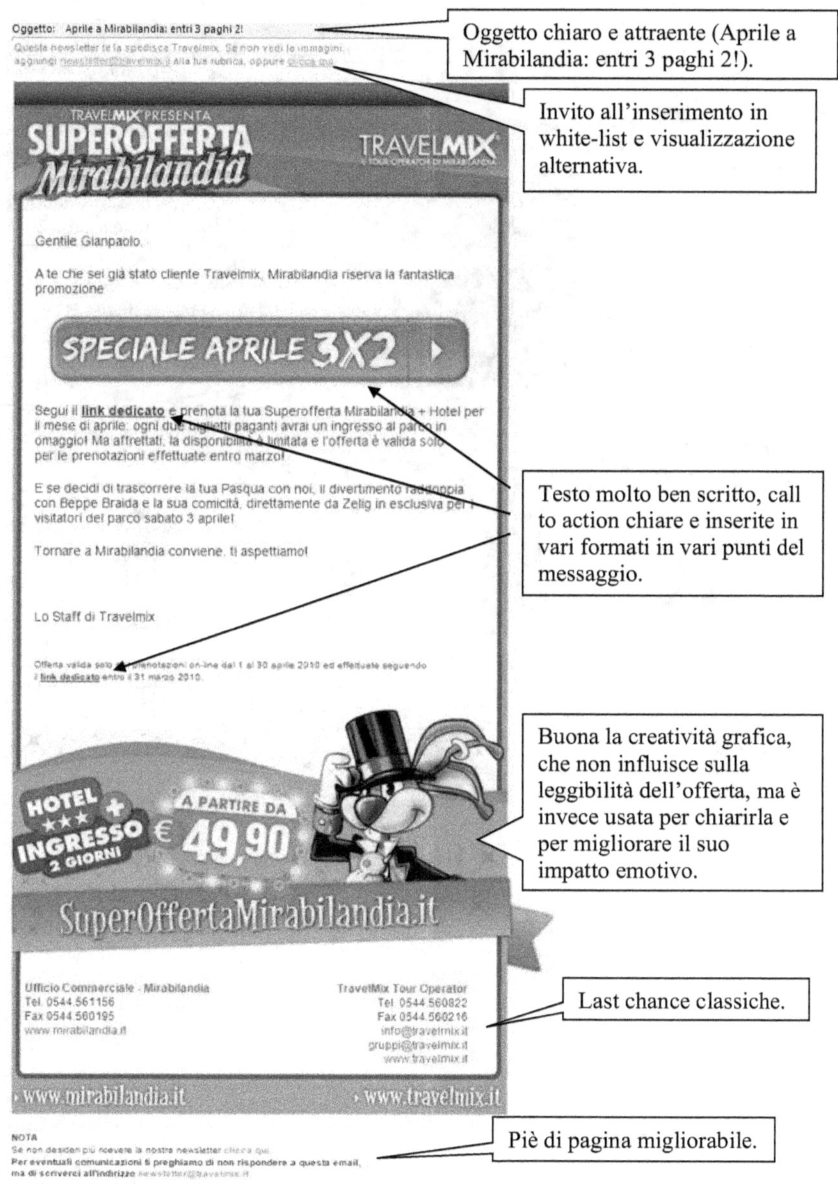

Oggetto chiaro e attraente (Aprile a Mirabilandia: entri 3 paghi 2!).

Invito all'inserimento in white-list e visualizzazione alternativa.

Testo molto ben scritto, call to action chiare e inserite in vari formati in vari punti del messaggio.

Buona la creatività grafica, che non influisce sulla leggibilità dell'offerta, ma è invece usata per chiarirla e per migliorare il suo impatto emotivo.

Last chance classiche.

Piè di pagina migliorabile.

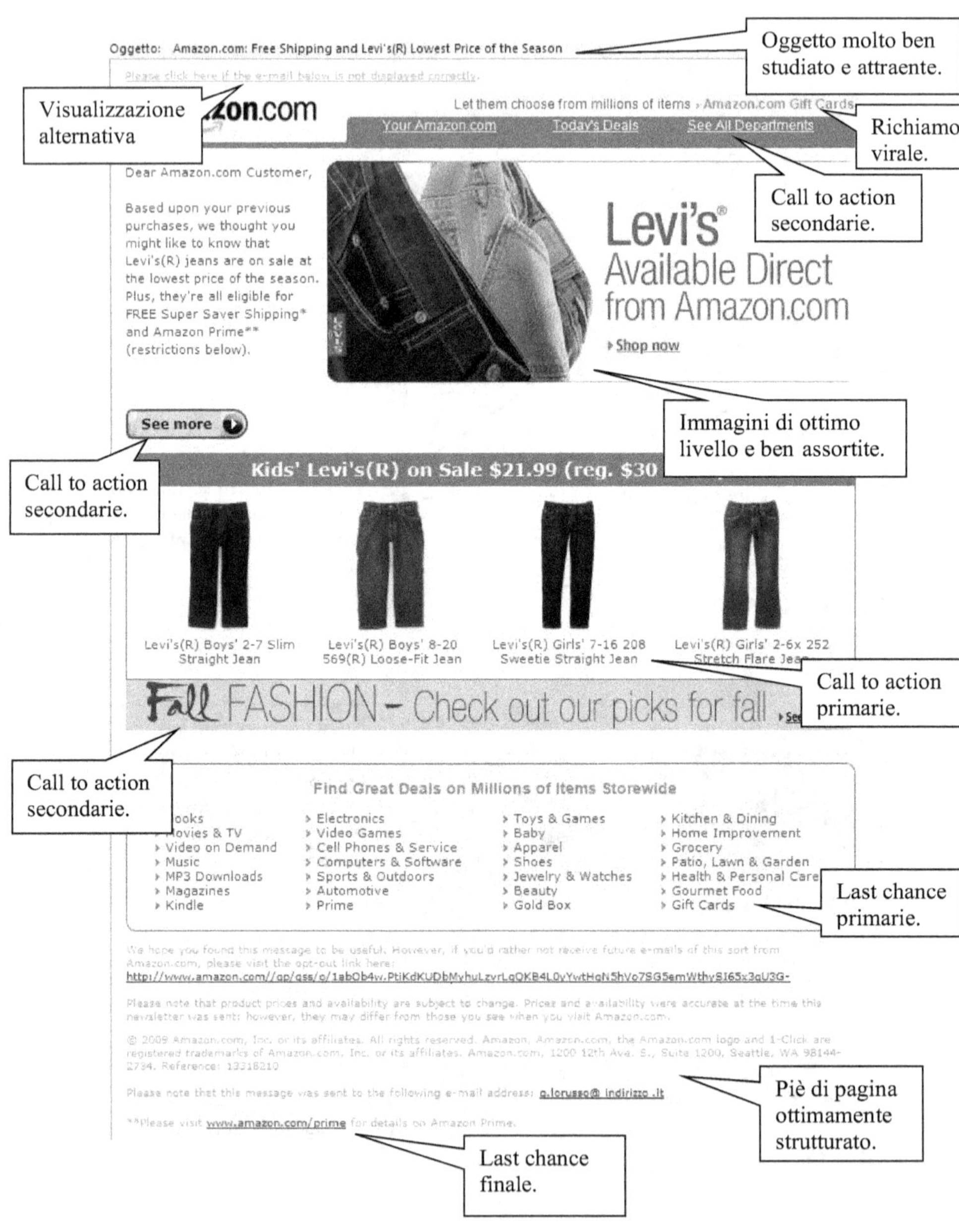

Oggetto: Amazon.com: Free Shipping and Levi's(R) Lowest Price of the Season
Oggetto molto ben studiato e attraente.
Please click here if the e-mail below is not displayed correctly.
Visualizzazione alternativa
Let them choose from millions of items · Amazon.com Gift Cards
Richiamo virale.
Your Amazon.com   Today's Deals   See All Departments
Call to action secondarie.
Dear Amazon.com Customer,
Based upon your previous purchases, we thought you might like to know that Levi's(R) jeans are on sale at the lowest price of the season. Plus, they're all eligible for FREE Super Saver Shipping* and Amazon Prime** (restrictions below).
Levi's®
Available Direct from Amazon.com
· Shop now
Immagini di ottimo livello e ben assortite.
See more
Call to action secondarie.
Kids' Levi's(R) on Sale $21.99 (reg. $30
Levi's(R) Boys' 2-7 Slim Straight Jean
Levi's(R) Boys' 8-20 569(R) Loose-Fit Jean
Levi's(R) Girls' 7-16 208 Sweetie Straight Jean
Levi's(R) Girls' 2-6x 252 Stretch Flare Jean
Call to action primarie.
Fall FASHION – Check out our picks for fall · Se
Call to action secondarie.
Find Great Deals on Millions of Items Storewide
· Books
· Movies & TV
· Video on Demand
· Music
· MP3 Downloads
· Magazines
· Kindle
· Electronics
· Video Games
· Cell Phones & Service
· Computers & Software
· Sports & Outdoors
· Automotive
· Prime
· Toys & Games
· Baby
· Apparel
· Shoes
· Jewelry & Watches
· Beauty
· Gold Box
· Kitchen & Dining
· Home Improvement
· Grocery
· Patio, Lawn & Garden
· Health & Personal Care
· Gourmet Food
· Gift Cards
Last chance primarie.
We hope you found this message to be useful. However, if you'd rather not receive future e-mails of this sort from Amazon.com, please visit the opt-out link here:
http://www.amazon.com//gp/gss/o/1abOb4w.PtiKdKUDbMyhuLzvrLqQKB4L0yYwtHqN5hVo7SG5emWthvSI65x3qU3G-
Please note that product prices and availability are subject to change. Prices and availability were accurate at the time this newsletter was sent; however, they may differ from those you see when you visit Amazon.com.
© 2009 Amazon.com, Inc. or its affiliates. All rights reserved. Amazon, Amazon.com, the Amazon.com logo and 1-Click are registered trademarks of Amazon.com, Inc. or its affiliates. Amazon.com, 1200 12th Ave. S., Suite 1200, Seattle, WA 98144-2794. Reference: 13318210
Please note that this message was sent to the following e-mail address: g.lorusso@ indirizzo .it
Piè di pagina ottimamente strutturato.
**Please visit www.amazon.com/prime for details on Amazon Prime.
Last chance finale.

La stessa mail senza immagini:

Please click here if the e-mail below is not displayed correctly.

amazon.com

Let them choose from millions of items › Amazon.com Gift Cards

Your Amazon.com   Today's Deals   See All Departments

Dear Amazon.com Customer,

Based upon your previous purchases, we thought you might like to know that Levi's(R) jeans are on sale at the lowest price of the season. Plus, they're all eligible for FREE Super Saver Shipping* and Amazon Prime** (restrictions below).

See more

Women's Levi's(R) on Sale $29.99 (reg. $42 - $44)

| Levi's(R) 505(R) Women's Straight-Leg Jean | Levi's(R) 545(TM) Women's Low Bootcut Jean | Levi's(R) Juniors' 528(TM) Curvy-Cut Skinny Jean | Levi's(R) Juniors' 513(TM) Boyfriend Jean |

Kids' Levi's(R) on Sale $21.99 (reg. $30 - $38)

| Levi's(R) Boys' 2-7 Slim Straight Jean | Levi's(R) Boys' 8-20 569(R) Loose-Fit Jean | Levi's(R) Girls' 7-16 208 Sweetie Straight Jean | Levi's(R) Girls' 2-6x 252 Stretch Flare Jean |

Find Great Deals on Millions of Items Storewide

Books	Electronics	Toys & Games	Kitchen & Dining
Movies & TV	Video Games	Baby	Home Improvement
Video on Demand	Cell Phones & Service	Apparel	Grocery
Music	Computers & Software	Shoes	Patio, Lawn & Garden
MP3 Downloads	Sports & Outdoors	Jewelry & Watches	Health & Personal Care
Magazines	Automotive	Beauty	Gourmet Food
Kindle	Prime	Gold Box	Gift Cards

We hope you found this message to be useful. However, if you'd rather not receive future e-mails of this sort from Amazon.com, please visit the opt-out link here:
http://www.amazon.com//gp/gss/c/1abOb4w.PtiKdKUDbMyhuLzvrLgQKB4L0vYwtHgN5hVo7SG5emWthyS165x3qU3G-

Please note that product prices and availability are subject to change. Prices and availability were accurate at the time this newsletter was sent; however, they may differ from those you see when you visit Amazon.com.

Non male, vero? Si comprende tutto bene anche senza immagini.

Amazon è in assoluto il merchant online più visitato e famoso al mondo e le soluzioni che presenta sul sito e nelle sue email vengono dai migliori professionisti del marketing e dell'usabilità nel mondo. Consigliamo a tutti quelli che volessero vendere qualcosa online di fare un acquisto nel loro sito per capire come si realizza un'interfaccia di primissimo livello e come si curano i messaggi transazionali e tutti i particolari di un acquisto online.

Un'annotazione sull'oggetto: in questa mail è stato ripetuto al primo posto il dominio del sito (amazon.com), cosa che uno tra i brand più famosi al mondo si può permettere di fare.

Prima di replicare questa strategia, occorre però verificare se il vostro marchio ha una notorietà tale da poter funzionare come richiamo indipendentemente da quello che si offre nel messaggio (cosa nient'affatto impossibile in nicchie di mercato molto specializzate). Perché non ipotizzare uno split test al riguardo?

RIEPILOGO DEL CAPITOLO 3:

- CONCETTO CHIAVE n. 8: la riconoscibilità chiara e immediata del mittente di un messaggio email è il primo fattore determinante per incrementare il tasso di apertura.

- CONCETTO CHIAVE n. 9: il mittente e l'oggetto sono due fattori critici che possono decretare il successo o il fallimento di una campagna di email marketing. Vanno quindi curati con grande attenzione e adeguatamente testati prima dell'invio.

- CONCETTO CHIAVE n. 10: è consigliabile utilizzare un formato HTML estremamente leggero, in cui le informazioni principali si leggano bene anche senza le immagini, dando sempre immediatamente la possibilità di accedere a una visualizzazione alternativa tramite un link testuale.

- CONCETTO CHIAVE n. 11: nello scrivere il testo di un messaggio bisogna sempre superare la naturale barriera di diffidenza dell'utente. Per questo non vendiamo "prodotti" o "servizi", ma "soluzioni". Non ci sono "caratteristiche tecniche" ma "vantaggi". Non si deve dire tutto, ma invitare ad approfondire sul sito.

- CONCETTO CHIAVE n. 12: le statistiche (e il buon senso) dimostrano infatti che un messaggio accantonato ha oltre il 90% di probabilità di non essere mai più riaperto.

- CONCETTO CHIAVE n. 13: nelle offerte dirette (DEM) è fondamentale spingere il lettore all'azione immediata verso l'obiettivo principale del messaggio (vendita) o uno degli obiettivi secondari (visita al sito, registrazione in nuovi servizi ecc.).

- CONCETTO CHIAVE n. 14: in una newsletter risultano fondamentali la qualità delle offerte o dei contenuti proposti, la denominazione e la chiarezza sugli argomenti trattati e una frequenza non troppo ravvicinata.

- CONCETTO CHIAVE n. 15: funzionano bene come last chance tutti i contenuti che possono rivestire un certo interesse per l'utente e che sono alternativi a quelli proposti, ma questi rimangono nella stessa area tematica. Bisogna però stare attenti a non distrarre l'utente mentre sta portando a termine un acquisto o un'altra operazione complessa.

- CONCETTO CHIAVE n. 16: i messaggi non verbali che si trasmettono attraverso l'impostazione grafica dell'email devono essere in linea con i contenuti. Se c'è molto contrasto, l'effetto inevitabile sarà la scarsa conversione delle campagne.

- CONCETTO CHIAVE n. 17: un'immagine vale più di molte parole. Ma deve essere di buona qualità, funzionale ed esplicativa rispetto agli argomenti trattati, oppure mirata a suscitare emozioni positive, altrimenti si rischia di dare messaggi non verbali controproducenti rispetto all'obiettivo della comunicazione.

- CONCETTO CHIAVE n. 18: nel campo destinatario ci deve essere un solo indirizzo: quello dell'utente che riceve l'email. Tutte le altre possibilità sono da evitare.

- CONCETTO CHIAVE n. 19: è fondamentale inserire nell'intestazione un link di visualizzazione alternativa e nel piè di pagina una procedura semplice e automatica per rimuoversi dalla lista. Ostacolare la cancellazione servirà solo ad abbassare i tassi di conversione aumentando il rischio di essere percepiti come spammer.

- CONCETTO CHIAVE n. 20: incentivare la condivisione e la diffusione virale dei contenuti divulgati è una delle chiavi del successo delle moderne campagne di email marketing. Il passaparola telematico è uno degli strumenti migliori e più a basso costo per aumentare conversioni e nuove iscrizioni.

CAPITOLO 4:
Come inviare il messaggio

Tutti i programmi client di posta attualmente sul mercato sono assolutamente inadatti a sviluppare un'attività di email marketing professionale per vari motivi. Il principale è sicuramente la mancanza di statistiche di invio dettagliate.

Quando si passa da una dimensione "fai da te" alla gestione di liste di una certa corposità (cioè oltre qualche migliaio di utenti) è assolutamente necessario prendere in considerazione l'uso di un applicativo appositamente studiato per gestire l'invio, la profilazione e le statistiche di conversione (i cosiddetti mailer).

Ci sono molti software del genere in commercio e, almeno inizialmente per piccoli invii, possono essere presi in considerazione anche prodotti gratuiti.

Tutti i mailer professionali devono produrre statistiche che consentano di tracciare come minimo il tasso di consegna dei messaggi al server di ricezione (<u>delivery rate</u>), il numero delle aperture e quanti click hanno generato.

Al massimo livello di dettaglio dovrebbe essere possibile capire quale utente (o meglio quale indirizzo) ha cliccato su quale link del messaggio. Di seguito un esempio di statistiche relative a un invio, tratto da uno dei tanti sistemi in commercio:

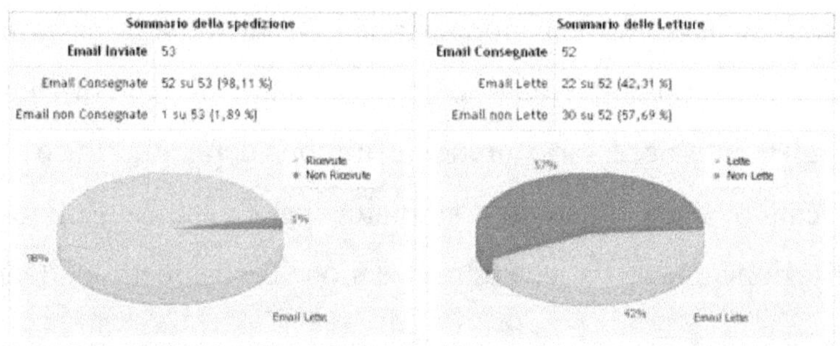

Si parte dai tassi di ricevimento e di apertura, per poi arrivare alle statistiche dettagliate sui click ricevuti…

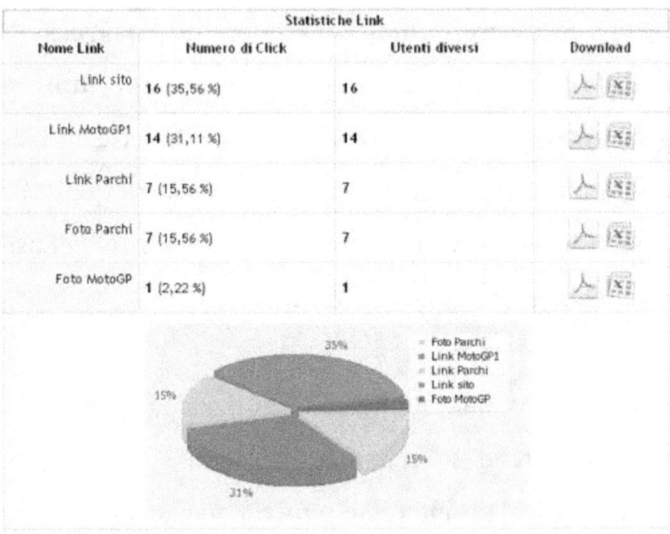

...e al dettaglio di chi ha cliccato su quali link.

Statistiche Singolo utente				
Utente	Email	Consegnata	Aperta alle	Click
LIMA Giovanni	giovanni.lima@gmail.com	SI	31/07/2008 alle 08:27	2
PRANDELLI Cesare	cesare.prandelli@libero.it	SI	31/07/2008 alle 15:24	2
MENOTTI Gianni	gianni.menotti@libero.it	SI	31/07/2008 alle 09:02	2
CANA Ciro	ciro.cana@email.it	SI	31/07/2008 alle 17:51	2
TUCCARI Vincenzo	vincenzo@logicamente.it	SI	07/08/2008 alle 23:52	1

(I dati identificativi sono ovviamente fittizi).

Un altro accessorio indispensabile in qualsiasi mailer professionale dovrebbe essere **la verifica preliminare del punteggio antispam** attribuito al messaggio in base agli algoritmi di filtraggio più diffusi sul mercato. Sulla base di questi dati sarà infatti possibile intervenire sul messaggio per abbassare la probabilità che questo venga bloccato.

Indipendentemente dall'applicativo utilizzato, questi dati sono fondamentali, perché solo in questo modo si può capire se la nostra email ha destato interesse o meno, ma anche quale articolo, prodotto o promozione ha avuto più successo. Le azioni successive potranno essere in questo modo concentrate su ciò che ha dato i maggiori ritorni negli invii precedenti.

Un altro aspetto fondamentale degli applicativi mailer professionali è il server di invio che, oltre a non essere ovviamente in nessuna black list, dovrebbe avere una serie di configurazioni particolari che lo rendano adatto per invii di massa.

Se il nostro mercato di riferimento è nazionale o europeo è comunque meglio utilizzare server che siano su connettività italiana o europea, in quanto, a causa delle più ampie libertà di invio concesse dalle legislazioni nazionali, quelli di molti paesi extra UE (come ad esempio gli USA o la Cina) potrebbero avere maggiori difficoltà a raggiungere utenze nel nostro Paese o in Europa.

Infine, per invii "importanti" è sempre meglio utilizzare infrastrutture dedicate a questo tipo di attività da parte di operatori professionali del settore email marketing. Chi meglio di un'azienda specializzata può garantire alti tassi di delivery e assistenza di buon livello?

Senza la presunzione di voler fornire un elenco completo, riportiamo di seguito un elenco di operatori italiani specializzati nell'email marketing che offrono anche soluzioni entry-level relativamente poco costose: BusinessFinder.it, Gate2000.it, Infomail.it, Logicamail.it, MailUp.it, WebHatNewsletter.com.

Per soluzioni e servizi integrati in realtà medio-grandi, segnaliamo Contactlab.com, eCircle.com, Magnews.com. Per quanto riguarda invece altri operatori di buon livello operanti su connettività internazionale, segnaliamo AWeber (USA), ConstantContact (USA), Emailvision (USA-UE), EmailBrain (USA), Emma (USA), GetResponse (Polonia), Inxmail.it (Germania) e MailChimp (USA), Topica (USA) e VerticalResponse (USA).

Una breve recensione di molti di questi servizi si trova in questo post su Masternewmedia.org. Per quanto riguarda infine soluzioni lato client (che inviano tramite server del cliente) segnaliamo Phplist.com (programma open source) e SendBlaster.com.

CONCETTO CHIAVE n. 21: per fare email marketing a livello professionale occorre dotarsi di uno strumento di invio specialistico (i normali client di posta non sono sufficienti), perché sono necessarie statistiche di invio dettagliate e server appositamente predisposti.

La periodicità, il giorno e l'ora di invio

Non esiste ovviamente una frequenza ideale valida per ogni tipologia di messaggio, tuttavia, visto che l'invio di messaggi troppo frequenti è una delle cause principali di cancellazione dalle newsletter, bisognerebbe, ove possibile, specificare già durante la fase di registrazione quale sarà la frequenza di invio che l'utente dovrà attendersi (almeno orientativamente).

In alternativa, si potrebbe offrire la possibilità di scegliere la frequenza preferita direttamente all'utente. Questa opzione inserita anche nella pagina di cancellazione dalla lista potrebbe diminuire significativamente il numero di utenti persi nel corso del tempo.

Il ciclo di vita medio di un messaggio email è di circa tre giorni (normalmente il 50% delle aperture avviene entro dodici ore dall'invio, il 70% entro ventiquattro ore e si raggiunge il 90% entro tre giorni).

Quasi tutte le campagne che abbiamo analizzato su consumatori finali italiani indicano che gli utenti consumer e quelli professionali hanno fasce orarie di massimo riscontro abbastanza coincidenti: più elevate cioè durante la settimana lavorativa, soprattutto tra il martedì e il giovedì (specialmente a inizio giornata).

Alcuni report internazionali confermano invece che in molti paesi nordeuropei le campagne consumer ricevono maggiore attenzione nel tardo pomeriggio e nei week-end.

Per campagne mirate al mercato italiano quindi, a meno di casi particolari, è meglio evitare i week-end e il lunedì in modo da trovare un interlocutore più disponibile all'approfondimento e non mischiare il proprio messaggio con lo spam che di solito si accumula di notte e nei fine settimana (che poi viene rapidamente selezionato la mattina successiva o il lunedì).

Se l'utenza di riferimento è concentrata in un'unica zona geografica, non sussistono particolari difficoltà a rispettare queste indicazioni di massima. Se invece abbiamo a che fare con liste multinazionali, per non sporcare le statistiche sarebbe meglio differenziare gli invii per gruppi di utenti che non abbiano tra loro differenze di fuso orario maggiori di sei-otto ore (siano cioè circa nello stesso continente).

Per identificare i momenti di maggior riscontro di una nuova lista senza dati storici è sempre necessario fare alcuni invii di prova nei giorni e nelle fasce orarie che si presumono più propizie. Va comunque tenuto presente che nel nostro Paese è abbastanza normale registrare diminuzioni nei tassi di apertura e maggiori errori temporanei (soft bounce) durante i week-end, soprattutto all'approssimarsi del periodo estivo.

I filtri antispam

Indipendentemente da ciò che dice la legge e dai filtri antispam, un'email sarà considerata come spam (e l'azienda mittente sarà qualificata come spammer) quando il destinatario la percepirà come tale.

Ogni utente riceve molte email al giorno e se non riconosce il mittente (o si è dimenticato di aver sottoscritto la nostra lista) e non trova interessanti i nostri contenuti è molto probabile che ci aggiunga ai mittenti bloccati, anche se tecnicamente il nostro non è affatto un messaggio di spam.

L'ultimo *Email Marketing Consumer Report* disponibile (vedi Bibliografia essenziale) conferma infatti che oltre il 40% degli italiani preferisce utilizzare la funzione "Segnala come Spam" del suo client o del servizio di webmail, piuttosto che perdere tempo a cancellarsi dalla lista. Questo ovviamente equivale a una bella pietra tombale su tutte le iniziative future di email marketing nei confronti di questi utenti (a meno di non ricontattarli con altri sistemi o utilizzare altri domini di invio).

L'effetto di questo comportamento è ancora più negativo se il lettore utilizza un servizio di webmail, perché in questo modo comunica le sue scelte anche ai provider del servizio che avranno esatta contezza di quanti loro utenti considerano i vostri messaggi come spam.

Cosa si può fare per limitare al massimo il rischio di essere percepiti come spammer? Innanzitutto bisogna **fare leva sul permesso che il destinatario ci ha dato** al momento della sottoscrizione (e che continuamente rinnova non cancellandosi dalla nostra lista).

La chiarezza dell'accordo iniziale, sempre rinnovata ad ogni comunicazione, influisce sulla percezione del destinatario e ha una valenza decisiva nel qualificare un messaggio come spam o meno. Quindi vanno usate, almeno nel piè di pagina, formule del tipo "Stai ricevendo questa mail perché sei iscritto a…"

Poi bisogna **verificare che il server da cui si invia la posta non sia stato utilizzato per invii di massa non autorizzati** (in caso di hosting con IP condivisi, l'operazione risulta praticamente impossibile) e che il provider del servizio offra garanzie di affidabilità e qualità (in questo caso cercare il massimo risparmio possibile potrebbe essere un boomerang).

Se si fa l'invio "in casa" occorre verificare che il programma che si usa sia progettato per invii della consistenza dei nostri **(difficilmente un programma gratuito o non professionale è all'altezza di inviare in sicurezza più di qualche centinaio di mail)** e che non si effettuino troppi invii in poco tempo (i programmi migliori sono già impostati per effettuare spedizioni schedulate nel tempo che non sovraccarichino la rete di messaggi in uscita). Per quanto riguarda i filtri automatici sui contenuti bisogna invece considerare che, a parte le parole collegate a materiale pornografico e al sesso, **sono abbastanza a rischio**:

- **le scritte in maiuscolo, i punti esclamativi o interrogativi ripetuti, gli spazi tra lettere e i simboli in eccesso** (dollaro, asterischi o altro), perché in passato sono stati utilizzati dagli spammer per rendere irriconoscibili parole che altrimenti sarebbero state intercettate subito;

- **l'uso eccessivo di superlativi assoluti** (offertissima, grandissima ecc.) e di parole che spesso caratterizzano i messaggi promozionali come **gratis, gratuito, regalo, super, offerta, occasione** ecc., soprattutto se usati nell'oggetto e abbinate tra loro;

- **troppi spazi tra le parole o troppe interruzioni di riga**, o ancora, testo troppo grande (oltre size 6);

- **l'uso di codice HTML molto complesso** (con script, form integrati nel messaggio ecc.), che rende anche più probabili errori e malfunzionamenti vari;

- **l'uso di immagini molto elevato** rispetto al testo (anche perché quasi la metà degli utenti le vedrà solo dopo che avrà autorizzato il download);

- **gli invii da domini poco costosi come .biz e .info** (perché essendo molto economici sono spesso usati dagli spammer di tutto il mondo);

- **la priorità "alta"** nei messaggi (tanto non serve quasi a nulla).

I rischi di finire nei filtri antispam sono ovviamente più alti quando si usano liste di indirizzi comprate all'esterno, perché più dell'80% degli utenti tende a considerare spamming tutti i messaggi per cui ritiene di non aver dato l'autorizzazione all'invio o di cui non riconosce il mittente.

CONCETTO CHIAVE n. 22: il buon email marketer deve preoccuparsi, più che di aggirare i sistemi antispam, di mettersi nelle migliori condizioni per far sì che il proprio messaggio non possa essere in alcun modo confuso, anche per errore, con la posta spazzatura.

L'utilità dei messaggi di "remind"

Una delle tecniche più efficaci dell'email marketing è quella del cosiddetto **remind** (letteralmente "ricordare" o "ricordarsi"), che consiste nel prevedere uno schema temporale predefinito di invii per presentare un'offerta o un evento a data fissa.

Uno schema di remind ben progettato può aumentare l'efficacia della campagna anche del 400 % rispetto a un singolo invio. Attraverso l'email è particolarmente facile attuare questa tecnica, soprattutto se si usano strumenti professionali che consentono di schedulare automaticamente un programma di invii in sequenza.

Ci sono diversi schemi di remind che si possono utilizzare, e infinite varianti, ma forse il più usato ed efficace prevede:

- **un primo invio email** da due a quattro mesi prima della data fissata come termine per l'evento o l'offerta;
- **varie email di remind** per ricordare l'approssimarsi della scadenza (da un mese a sette giorni prima della scadenza, senza eccedere nella frequenza degli invii);
- **email di last minute** (da sette fino a pochi giorni prima della scadenza).

CONCETTO CHIAVE n. 23: il ciclo di vita di un messaggio email può considerarsi pressoché concluso dopo circa tre giorni dall'invio. Per massimizzare i risultati si possono quindi programmare dei piani di invio schedulati a scadenze prefissate prima della data di riferimento o scadenza dell'offerta.

L'analisi dei risultati

La misurazione e la successiva analisi dettagliata dei risultati di una campagna di email marketing è assolutamente necessaria per raggiungere buoni tassi di efficacia nella propria azione promozionale.

Di seguito presentiamo alcuni casi di campagne reali scelti per evidenziare alcuni trend di risposta costanti che possono essere considerati come riferimenti generali.

Esempio n. 1

In questo primo caso partiamo da una campagna di promozione per un'offerta last minute nel settore turistico legata ad alcune promozioni per il periodo pasquale.

Questa campagna (spedita a poco meno di 4000 utenti) è stata inviata il martedì pomeriggio della stessa settimana di Pasqua (che nel 2009 è caduta il 12 aprile).

Oggetto	Offerte speciali Pasqua
Data di spedizione	Martedì 07/04/2009 alle ore 15:47
Lingua di spedizione	ita
Sommario della spedizione	
Email inviate	3887
Email consegnate	3581 su 3887 (92,13 %)
Email non consegnate	306 su 3887 (7,87 %)

Il tasso di delivery (email consegnate al server di ricezione) non è altissimo (a causa di una lista un po' "sporca"), ma è comunque soddisfacente.

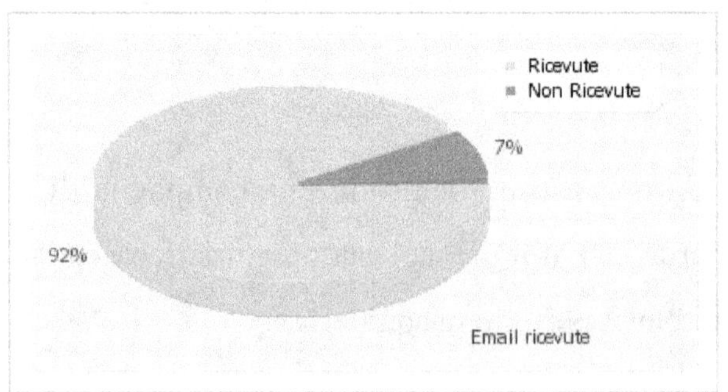

Ecco il dettaglio delle aperture.

Sommario delle letture	
Email consegnate	3581
Email lette	1489 su 3581 (41,58 %)
Email non lette	2092 su 3581 (58,42 %)

Il tasso di apertura è molto soddisfacente (lo sarebbe stato comunque oltre il 20%). Di seguito le statistiche dei click.

Hanno cliccato	**294** utenti
su un totale di	**3887** email spedite (**7,56%**)
e su un totale di	**3581** email consegnate (**8,21%**)
e su un totale di	**1489** email lette (**19,74%**)
Numero totale di click	**440**
Numero medio di click per utente	**1,5**
Numero medio di click per link	**88**

Il tasso di click è molto oltre la media del settore turismo (che è del 13% rispetto alle email aperte), a conferma dell'ottima performance generale del messaggio.

Vediamo ora come si è sviluppato l'andamento temporale dei click. Il grafico e la successiva tabella indicano i click registrati nei giorni successivi all'invio.

Come si vede chiaramente, a tre giorni dall'invio l'effetto di questo messaggio sul sito e sulle conversioni può considerarsi praticamente terminato.

Link per giorno	
7/04/2009 (click il giorno di invio)	**223** click (50,68%)
8/04/2009 (click 1 giorno dopo l'invio)	**129** click (29,32%)
9/04/2009 (click 2 giorni dopo l'invio)	**28** click (6,36%)
10/04/2009 (click 3 giorni dopo l'invio)	**7** click (1,59%)
11/04/2009 (click 4 giorni dopo l'invio)	**8** click (1,82%)
12/04/2009 (click 5 giorni dopo l'invio)	**2** click (0,45%)
13/04/2009 (click 6 giorni dopo l'invio)	**3** click (0,68%)
14/04/2009 (click 7 giorni dopo l'invio)	**6** click (1,36%)
15/04/2009 (click 8 giorni dopo l'invio)	**7** click (1,59%)
16/04/2009 (click 9 giorni dopo l'invio)	**4** click (0,91%)
17/04/2009 (click 10 giorni dopo l'invio)	**3** click (0,68%)
18/04/2009 (click 11 giorni dopo l'invio)	**2** click (0,45%)
20/04/2009 (click 13 giorni dopo l'invio)	**2** click (0,45%)
21/04/2009 (click 14 giorni dopo l'invio)	**7** click (1,59%)
22/04/2009 (click 15 giorni dopo l'invio)	**3** click (0,68%)
26/04/2009 (click 19 giorni dopo l'invio)	**1** click (0,23%)
5/05/2009 (click 28 giorni dopo l'invio)	**2** click (0,45%)
8/05/2009 (click 31 giorni dopo l'invio)	**1** click (0,23%)
18/05/2009 (click 41 giorni dopo l'invio)	**1** click (0,23%)
31/05/2009 (click 54 giorni dopo l'invio)	**1** click (0,23%)

Di seguito invece analizziamo in dettaglio gli orari di apertura.

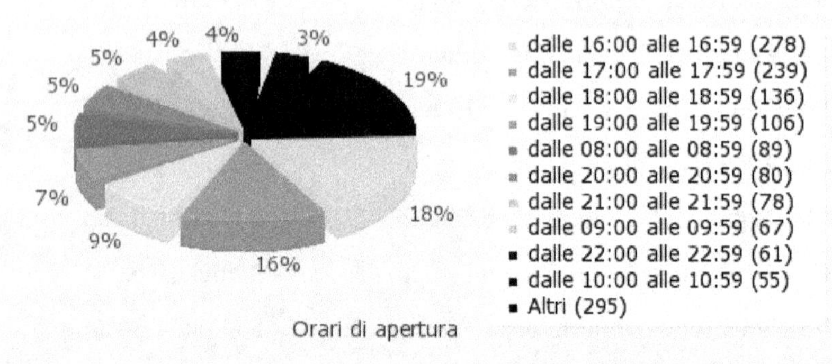

Considerando che l'invio è stato effettuato nel primo pomeriggio, da queste statistiche si deduce come la gran parte delle aperture sia probabilmente avvenuta nel giro di un paio d'ore dalla spedizione (dato confermato da molti report internazionali).

Orari di apertura	
dalle 16:00 alle 16:59	278 (18,73 %)
dalle 17:00 alle 17:59	239 (16,11 %)
dalle 18:00 alle 18:59	136 (9,16 %)
dalle 19:00 alle 19:59	106 (7,14 %)
dalle 08:00 alle 08:59	89 (6,00 %)

dalle 20:00 alle 20:59	80 (5,39 %)
dalle 21:00 alle 21:59	78 (5,26 %)
dalle 09:00 alle 09:59	67 (4,51 %)
dalle 22:00 alle 22:59	61 (4,11 %)
dalle 10:00 alle 10:59	55 (3,71 %)
dalle 11:00 alle 11:59	47 (3,17 %)
dalle 12:00 alle 12:59	45 (3,03 %)
dalle 14:00 alle 14:59	42 (2,83 %)
dalle 15:00 alle 15:59	41 (2,76 %)
dalle 13:00 alle 13:59	41 (2,76 %)
dalle 23:00 alle 23:59	25 (1,68 %)
dalle 07:00 alle 07:59	23 (1,55 %)
dalle 00:00 alle 00:59	18 (1,21 %)
dalle 01:00 alle 01:59	5 (0,34 %)
dalle 06:00 alle 06:59	2 (0,13 %)
dalle 02:00 alle 02:59	2 (0,13 %)
dalle 03:00 alle 03:59	2 (0,13 %)
dalle 05:00 alle 05:59	2 (0,13 %)

Esempio n. 2

In questo caso invece si analizza un test di invio per un'offerta speciale nel settore termale inviata a poco meno di 2500 utenti una domenica in tarda mattinata.

Oggetto	Coccolati alle Terme
Data di spedizione	domenica 05/11/2008 alle ore 12:06
Lingua di spedizione	ita
Sommario della spedizione	
Email inviate	2369
Email consegnate	2121 su 2369 (89,53 %)
Email non consegnate	248 su 2369 (10,47 %)

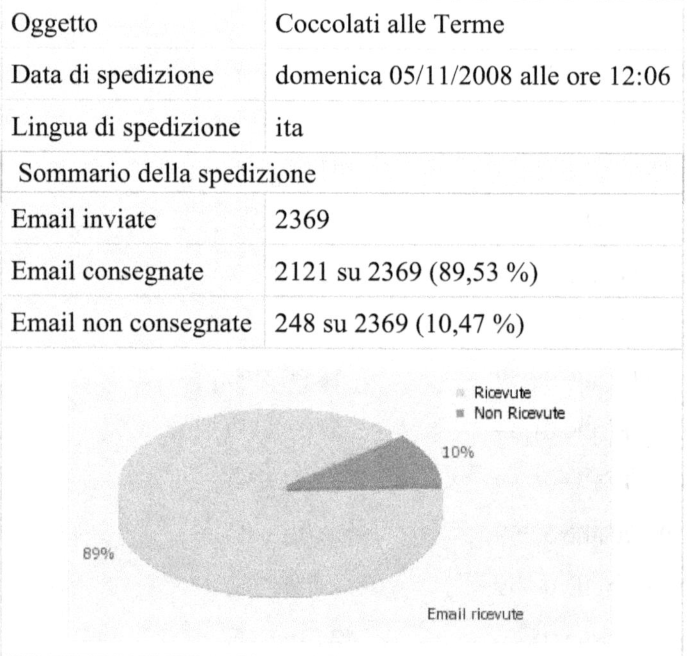

Anche in questo caso la deliverability è piuttosto bassa, sempre a causa della presenza di svariati indirizzi errati nella lista di invio.

Malgrado il giorno e l'orario di invio fuori dalla norma, il tasso di apertura riepilogato nella seguente tabella è decisamente superiore alle medie di settore, a testimonianza di un oggetto e di un messaggio ben scritti e inviati a una lista estremamente profilata.

Sommario delle letture	
Email consegnate	2121
Email lette	1201 su 2121 (56,62 %)
Email non lette	920 su 2121 (43,38 %)

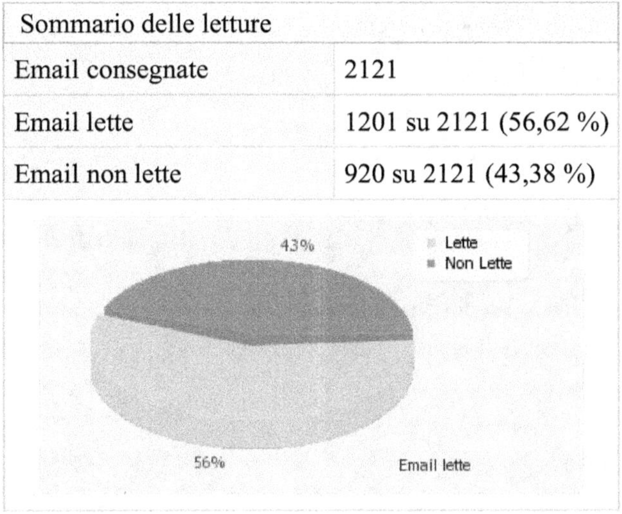

Grazie alla bontà della lista, anche i click ricevuti sono risultati abbondantemente superiori alle medie attese.

Hanno cliccato	**232** utenti
su un totale di	**2369** email spedite (**9,79%**)
e su un totale di	**2121** email consegnate (**10,94%**)
e su un totale di	**1201** email lette (**19,32%**)
Numero totale di click	**353**
Numero medio di click per utente	**1,52**
Numero medio di click per link	**70,6**

Statistiche link		
Nome link	Numero di click	Utenti diversi
Link al pacchetto Week-end relax nel testo	**156** (44,19%)	116
Foto in basso	**56** (15,86%)	47
Foto in alto	**49** (13,88%)	43
Link nel testo	**47** (13,31%)	40
Descrizione pacchetto nel testo	**45** (12,75%)	35

In questo caso è interessante notare come la call to action posta nella parte centrale del testo e molto evidenziata graficamente (attraverso sottolineatura, grassetto e colore dei caratteri diverso dal resto del messaggio), abbia attirato la maggior parte degli utenti (che normalmente invece tendono a cliccare nelle parti alte del messaggio o nella call to action conclusiva).

Se analizziamo l'andamento temporale dei click, ritroviamo lo schema generale che vuole il ciclo di vita di un messaggio esaurirsi in circa tre giorni dall'invio (anche se qui si registrano due piccole cuspidi in corrispondenza dei giorni precedenti ai week-end successivi a quello dell'invio).

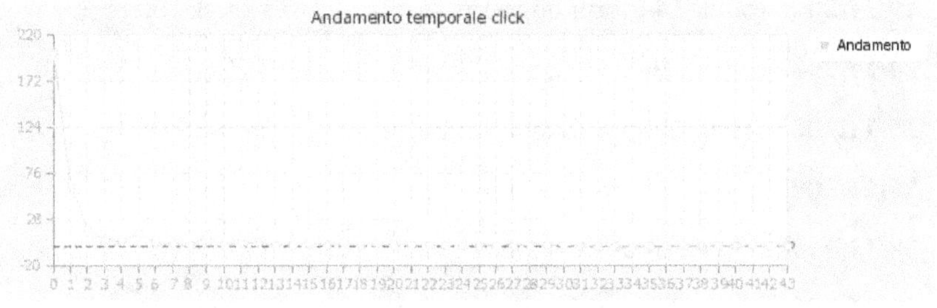

Link per giorno	
5/11/2008 (click il giorno dell'invio)	**200** click (56,66%)
6/11/2008 (click 1 giorno dopo l'invio)	**62** click (17,56%)
7/11/2008 (click 2 giorni dopo l'invio)	**17** click (4,82%)
8/11/2008 (click 3 giorni dopo l'invio)	**7** click (1,98%)
9/11/2008 (click 4 giorni dopo l'invio)	**5** click (1,42%)

10/11/2008 (click 5 giorni dopo l'invio)	**14** click (3,97%)
11/11/2008 (click 6 giorni dopo l'invio)	**3** click (0,85%)
12/11/2008 (click 7 giorni dopo l'invio)	**2** click (0,57%)
13/11/2008 (click 8 giorni dopo l'invio)	**1** click (0,28%)
14/11/2008 (click 9 giorni dopo l'invio)	**10** click (2,83%)
15/11/2008 (click 10 giorni dopo l'invio)	**1** click (0,28%)
16/11/2008 (click 11 giorni dopo l'invio)	**3** click (0,85%)
17/11/2008 (click 12 giorni dopo l'invio)	**4** click (1,13%)
18/11/2008 (click 13 giorni dopo l'invio)	**1** click (0,28%)
19/11/2008 (click 14 giorni dopo l'invio)	**1** click (0,28%)
24/11/2008 (click 19 giorni dopo l'invio)	**3** click (0,85%)
25/11/2008 (click 20 giorni dopo l'invio)	**1** click (0,28%)
26/11/2008 (click 21 giorni dopo l'invio)	**3** click (0,85%)
28/11/2008 (click 23 giorni dopo l'invio)	**1** click (0,28%)
29/11/2008 (click 24 giorni dopo l'invio)	**3** click (0,85%)

Nella tabella successiva ritroviamo invece i riepiloghi degli orari di apertura del messaggio.

Come nel caso precedente prevalgono le fasce orarie immediatamente a ridosso dell'orario di invio (mezzogiorno circa).

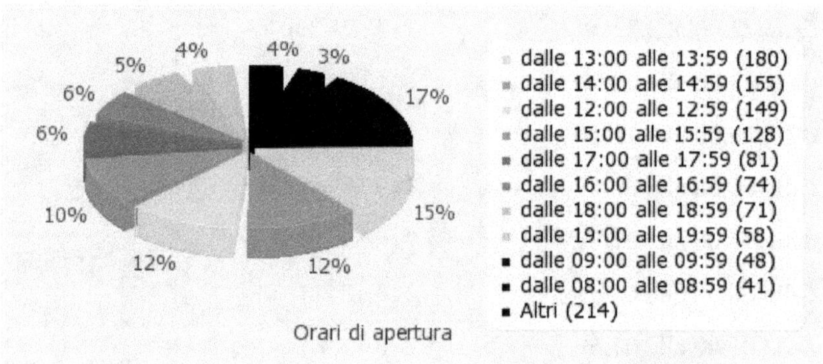

Orari di apertura	
dalle 13:00 alle 13:59	180 (15,01 %)
dalle 14:00 alle 14:59	155 (12,93 %)
dalle 12:00 alle 12:59	149 (12,43 %)
dalle 15:00 alle 15:59	128 (10,68 %)
dalle 17:00 alle 17:59	81 (6,76 %)
dalle 16:00 alle 16:59	74 (6,17 %)
dalle 18:00 alle 18:59	71 (5,92 %)
dalle 19:00 alle 19:59	58 (4,84 %)
dalle 09:00 alle 09:59	48 (4,00 %)
dalle 08:00 alle 08:59	41 (3,42 %)
dalle 20:00 alle 20:59	40 (3,34 %)
dalle 21:00 alle 21:59	35 (2,92 %)

dalle 11:00 alle 11:59	34 (2,84 %)
dalle 22:00 alle 22:59	33 (2,75 %)
dalle 23:00 alle 23:59	27 (2,25 %)
dalle 10:00 alle 10:59	25 (2,09 %)
dalle 00:00 alle 00:59	7 (0,58 %)
dalle 07:00 alle 07:59	7 (0,58 %)
dalle 06:00 alle 06:59	2 (0,17 %)
dalle 01:00 alle 01:59	2 (0,17 %)
dalle 05:00 alle 05:59	1 (0,08 %)
dalle 02:00 alle 02:59	1 (0,08 %)

L'addensamento di aperture è un po' minore rispetto al primo esempio, perché il messaggio è stato inoltrato di domenica.

Esempio n. 3

In questo caso il database di partenza è evidentemente molto "sporco" (il tasso di deliverability è veramente basso).

Oggetto	Parti subito con X Hotels
Data di spedizione	Mercoledì 03/06/2009 alle ore 12:30
Lingua di spedizione	ita
Sommario della spedizione	

Email inviate	**3420**
Email consegnate	**2614** su **3420** (76,43 %)
Email non consegnate	**806** su **3420** (23,57 %)

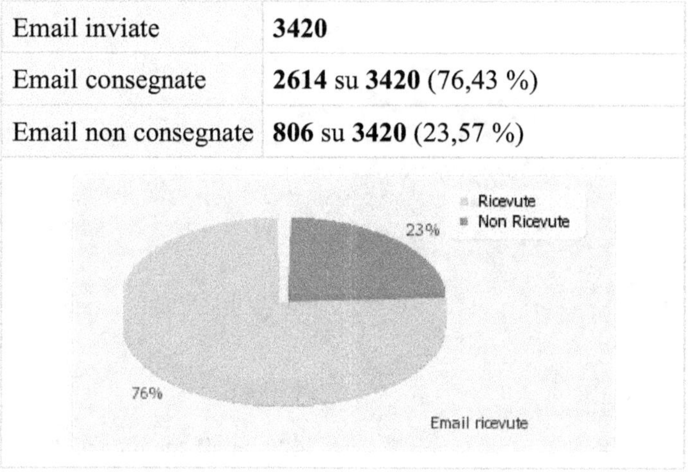

I tassi di apertura e di click sono leggermente al di sotto della media del settore turistico (l'oggetto non molto accattivante ha sicuramente pesato sui numeri finali).

Sommario delle letture	
Email consegnate	**2614**
Email lette	**364** su **2614** (13,93 %)
Email non lette	**2250** su **2614** (86,07 %)

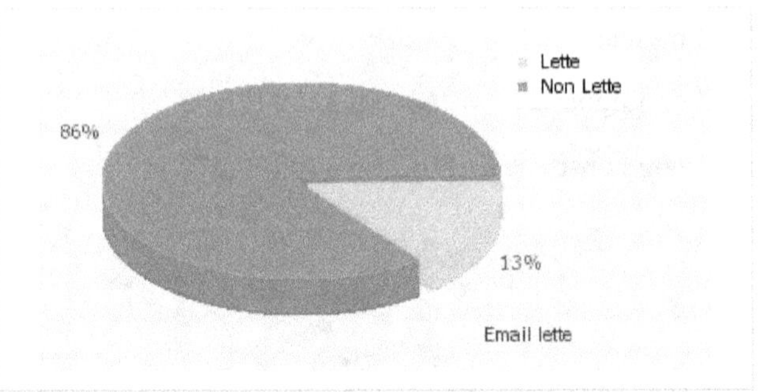

Hanno cliccato	**17** utenti
su un totale di	**3420** email spedite (**0,50%**)
e su un totale di	**2614** email consegnate (**0,65%**)
e su un totale di	**364** email lette (**4,67%**)
Numero totale di click	**26**
Numero medio di click per utente	**1.53**
Numero medio di click per link	**26**

RIEPILOGO DEL CAPITOLO 4:

- CONCETTO CHIAVE n. 21: per fare email marketing a livello professionale è necessario dotarsi di uno strumento di invio specialistico (i normali client di posta non sono sufficienti), perché sono necessarie statistiche di invio dettagliate e server appositamente predisposti.

- CONCETTO CHIAVE n. 22: il buon email marketer deve preoccuparsi, più che di aggirare i sistemi antispam, di mettersi nelle migliori condizioni per far sì che il proprio messaggio non possa essere in alcun modo confuso, anche per errore, con la posta spazzatura.

- CONCETTO CHIAVE n. 23: il ciclo di vita di un messaggio email può considerarsi pressoché concluso dopo circa tre giorni dall'invio. Per massimizzare i risultati si possono quindi programmare dei piani di invio schedulati a scadenze prefissate prima della data di riferimento o scadenza dell'offerta.

CAPITOLO 5:

Come ottimizzare una campagna

Capire quali sono i limiti di massima efficacia di un'azione di email marketing non è affatto semplice, tuttavia i risultati dell'attività di ottimizzazione tendente a raggiungerli possono essere assolutamente sorprendenti.

Non è possibile ovviamente dare indicazioni valide per tutte le tipologie di campagne e di liste utilizzate nei diversi settori economici, si possono però fornire dei dati medi orientativi al di sotto dei quali bisogna interrogarsi sui motivi della scarsa efficacia dei propri messaggi.

I dati statistici delle attività di email marketing vengono solitamente sintetizzati ed esposti in immagini che assomigliano a imbuti (i cosiddetti **funnel**), in cui vengono rappresentati i numeri di utenti che superando i passaggi della ricezione, dell'apertura e del click, arrivando finalmente all'operazione obiettivo della campagna. In questo tipo di analisi bisogna sempre far riferimento al numero di utenti che ha superato il passaggio precedente.

I tassi di ricezione da parte del server ricevente (delivery rate) sono misurati sulla base di tutti i messaggi spediti, i tassi di apertura in base ai messaggi effettivamente ricevuti, i tassi di click sulla base di tutte le email aperte e così via.

CONCETTO CHIAVE n. 24: sarebbe fuorviante considerare l'efficacia di un certo messaggio rapportando i tassi di apertura o di click al solo dato grezzo del numero totale di email spedite.

In caso di liste con molti indirizzi sbagliati o di problemi tecnici di invio, infatti, si potrebbero avere dei dati di conversione nettamente più bassi di quelli reali, traendo conclusioni sbagliate riguardo all'efficacia dei contenuti della campagna. Fatta questa necessaria premessa, a meno di casi particolari, dovrebbero sempre essere confermate le seguenti considerazioni:

- **tasso di consegna (deliverability) minore del 90-95%**: se su cento email spedite ne arrivano meno di novanta occorre controllare: a) la lista di indirizzi, b) le configurazioni e l'eventuale iscrizione in black list del server di invio, c) il programma di invio (<u>spam check</u>, malfunzionamenti o configurazioni di invio);

- **tasso di apertura minore del 10-30% dei messaggi effettivamente arrivati**: potrebbe esserci qualche problema legato ai testi usati nei messaggi precedenti (il pubblico si è "addormentato" o, peggio, vi considera spammer), alla riconoscibilità del mittente, oppure all'oggetto scelto o al giorno e all'ora di invio;

- **tasso di click minore del 5-10% dei messaggi letti**: se ogni cento email aperte non ci sono almeno cinque utenti che cliccano su qualcuno dei link proposti, bisogna probabilmente rivedere il testo, le immagini del messaggio o la sua formattazione;

- **assenza di richieste di cancellazione**: a meno che non si parli di liste estremamente fidelizzate o molto piccole (qualche centinaio di utenti), se per ogni invio non c'è almeno un utente che si rimuove dalla lista, probabilmente la procedura di cancellazione è nascosta, non funziona o è troppo complessa;

- **richieste di cancellazione superiori all'1% delle email aperte**: se ogni 2000 email lette ci sono più di venti utenti che rimuovono il loro indirizzo dalla lista, sicuramente il contenuto del messaggio spedito o le sue impostazioni sono completamente da rivedere o non sono adatti a quegli utenti.

A meno che l'obiettivo dei messaggi non sia solo quello di ricordare il marchio (branding), ottimizzare una campagna significa massimizzare i tassi di conversione tramite opportune attività di test e aggiustamenti progressivi sui contenuti o sulle impostazioni grafiche e sulle metodologie di invio e diffusione.

Se l'obiettivo è stimolare un contatto gratuito (registrazione a un servizio, download o visualizzazione di un file, richiesta di informazioni ecc.), avendo a disposizione delle liste interne (clienti, o potenziali tali, con cui siamo già entrati in contatto in precedenza) è abbastanza normale che si ottengano almeno due-tre contatti ogni cento email lette.

Questi numeri però possono cambiare anche molto sensibilmente nel caso di liste raccolte molto tempo prima, poco fidelizzate (contatto molto superficiale) o poco profilate (non differenziate per interessi o propensione all'acquisto).

Fatta eccezione per questi casi, però, andare al di sotto di questi tassi di conversione è di solito indicativo di problemi nella procedura di contatto sul sito di atterraggio o nei contenuti e nelle offerte proposte.

Se invece il messaggio ha come obiettivo una vendita o una prenotazione che implica un pagamento, è molto difficile dare valori medi di conversione che vadano bene anche solo per uno specifico settore (questi numeri dipendono troppo da ciò che si offre, da come lo si offre e a chi lo si offre).

Proporre un prodotto o un servizio del valore di pochi euro è molto diverso dal proporre l'acquisto di un'automobile o di un viaggio dal valore di svariate migliaia di euro. Così come è diverso proporre la stessa identica cosa a una lista di utenti indifferenziata o a soggetti cha hanno in qualche modo già manifestato un certo interesse per l'offerta. Nei limiti di quanto detto, nella figura seguente evidenziamo i risultati medi settoriali

5di aperture riportati nell'*Email marketing Benchmark Guide 2009* di <u>Marketing Sherpa</u>.

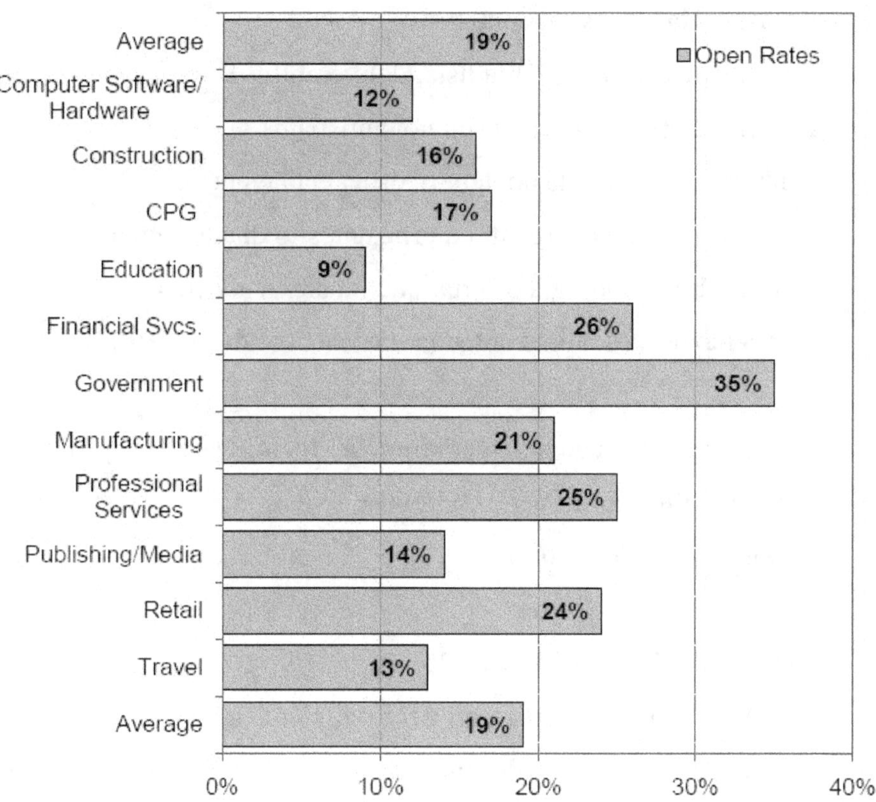

Inoltre proponiamo un riepilogo dei **range statistici**, ricavati da studi internazionali e dalla nostra esperienza diretta sul campo, al di sotto dei quali ci si dovrebbe cominciare a interrogare su eventuali problemi nell'ottimizzazione delle nostre campagne.

Email inviate (lista di contatti)

Email consegnate (qualità lista, deliverability)

Email aperte (interesse suscitato, antispam)

Click sui link (qualità contenuti, efficacia layout)

Contatti (qualità contenuti ed efficacia sito di atterraggio)

Conversioni (tipologia offerta, qualità sito o addetti)

Cancellazioni (qualità contenuti e procedure di cancell.)

Nei paragrafi seguenti andremo a identificare le principali tecniche utilizzabili per migliorare i tassi di apertura, click e conversione all'obiettivo.

CONCETTO CHIAVE n. 25: se la <u>deliverability</u> è inferiore all'85% bisogna ripulire gli archivi, riconfigurare o sostituire il software o il server/dominio di invio. Se il numero di utenti che aprono il messaggio è inferiore al 10% di quelli che l'hanno ricevuto si deve migliorare l'oggetto o rendere più riconoscibile il mittente. Se il numero di utenti che hanno

cliccato su uno dei link è inferiore al 7-8% delle email aperte si deve lavorare sui testi proposti e sulla loro formattazione.

Offering test

Come già accennato, vengono definiti tali i messaggi in cui si propongono due o più offerte alternative per valutare quale "funziona" meglio in termini commerciali. In questo esempio è stato ipotizzato un messaggio spedito da una struttura ricettiva a una lista di potenziali clienti in cui sono proposte due offerte differenti, in modo da individuare quella più interessante, tracciando i click ottenuti da ciascun link.

Di seguito vediamo i risultati di un esempio reale.

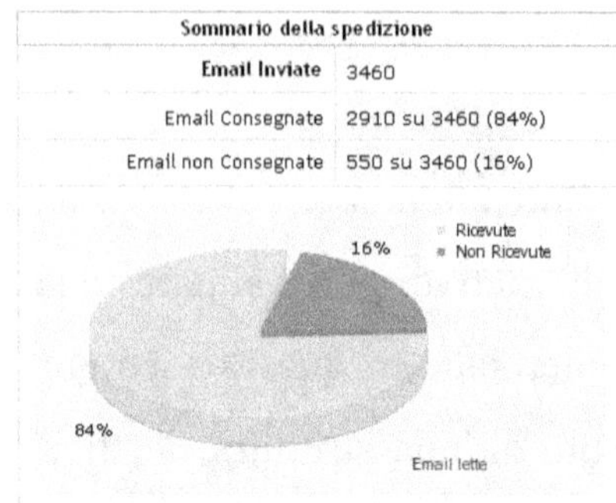

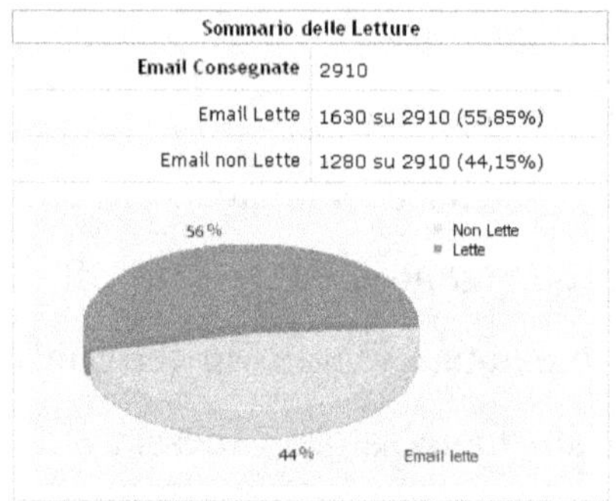

Come si evince dal grafico c'è stata innanzitutto una percentuale significativa di mail non arrivate al server di destinazione, indice nel caso concreto di una lista piuttosto "sporca" (con molti indirizzi errati).

La percentuale di lettura/apertura è invece decisamente superiore alla media ed è dovuta nel caso reale principalmente alla buona scelta dell'oggetto e al fatto che si tratta di una **lista interna** (ex clienti e persone che avevano già contattato la struttura in precedenza). Per quanto riguarda i click ottenuti, si veda invece il grafico seguente.

Statistiche Link		
Nome Link	Numero di Click	Utenti diversi
Settimana Blu	246 (50,00 %)	240
Settimana Rosa	164 (33,33 %)	158
www.hotelmeridiana.com	82 (16,67 %)	80

Da questa campagna è apparsa abbastanza evidente un'indicazione circa l'offerta più gradita e, cosa non da trascurare, sono scaturite anche numerose prenotazioni ;-).

CONCETTO CHIAVE n. 26: l'offering test è fondamentale per capire che tipo di offerta suscita maggiore attenzione nella nostra lista di utenti.

A/B testing (split test) o test multivariabili

Questo tipo di test consiste nell'inviare due comunicazioni diverse per un singolo elemento (A/B test o split test) o per più elementi contemporaneamente (test multivariabile) a due gruppi omogenei di destinatari sufficientemente rappresentativi nel nostro database (almeno un migliaio di utenti per gruppo).

La versione del messaggio che avrà più successo in termini di conversioni sarà la base per gli invii verso la lista completa o per invii successivi.

CONCETTO CHIAVE n. 27: negli split test è fondamentale che i gruppi di persone a cui si inviano i messaggi siano i più omogenei possibile (stesso target), che abbiano almeno un migliaio di utenti ciascuno e che le mail vengano inviate contemporaneamente a tutti i gruppi.

La logica di queste accortezze è quella di testare solo le variabili che vogliamo verificare e non altri elementi casuali che possono influire sui dati di conversione.

I fattori che potrebbero essere sottoposti a test di questo tipo sono principalmente:

- **l'oggetto** della mail;

- **il mittente** (almeno in fase di prima impostazione della campagna);

- **i giorni e gli orari di invio**;

- **gli elementi del messaggio** (lunghezza e dettaglio della descrizione, differenti presentazioni dell'offerta, diverse call to action, diversi prezzi di offerta ecc.);

- **gli elementi grafici** (immagini differenti o layout più o meno semplici).

Di seguito riportiamo i risultati di un test multivariabile in cui sono stati testati due messaggi sostanzialmente analoghi nei contenuti, ma con diversi elementi grafici e call to action posizionate e richiamate in modo differente.

Nelle immagini le differenti chiamate all'azione inserite nel messaggio sono state evidenziate con numeri rossi.

Invio A

Data: Giovedì 6/08/09 ore 9.00
Inviato a: circa 2.000 artisti iscritti al portale
Oggetto: 6 mesi GRATIS su FESTEINMUSICA.IT

Ciao [generalita]

Ferie in arrivo ed io **voglio premiare** chi PENSA CHE E' STRATEGIA promuovere la propria attività ORA... **in AGOSTO!**

2 **DAL 06/08 AL 31/08** è possibile entrare a far parte degli artisti di "MATRIMONIOINMUSICA" a prezzo riservato SOLO per gli iscritti on-line

ED AVERE UN REGALO ESCLUSIVO!

6 MESI DI ISCRIZIONE GRATUITA a FESTEINMUSICA

3 ISCRIVITI SUBITO

Ti assicuri così
1 ANNO di presenza su Matrimonioinmusica.it al 50% del suo costo
6 MESI di presenza sul nuovo Portale FESTEINMUSICA.IT GRATIS

FESTEINMUSICA.IT...il sito in collaborazione con Matrimonioinmusica che trova la soluzione musicale ideale per tutti i tipi di Feste... Matrimoni, Compleanni, Feste di Laurea, Festa della Donna, San Valentino, Feste di Piazza, Veglione di Capodanno.

4 I REGALO SOLO se ti iscrivi entro il 31/08

I prossimi mesi SONO STRATEGICI per chi vuole essere trovato dagli sposi che organizzano il Matrimonio per il 2010. Ed io voglio darti qualcosa in più per premiare il fatto che non spegni il pc e ci ripensi solo dopo le ferie...

5 ISCRIVITI SUBITO

Buone ferie!

MATRIMONIOINMUSICA.IT
staff@matrimonioinmusica.it - giovanna@loquacemente.it
Cell. 392.9478474 - Tel. 0543.795085 - Fax. 0543.795078

Invio B

Data: Giovedì 19/08/09 ore 9.00
Inviato a: circa 2.000 artisti iscritti al portale
Oggetto: Sta terminando la promozione!

Ciao [generalita]

Se ancora non l'hai fatto..ti ricordo che sei ancora in tempo per iscriverti **entro il 31/08** a MATRIMONIOINMUSICA" ad un prezzo riservato SOLO agli iscritti on-line e soprattutto avere in promozionale ....

6 mesi di presenza GRATUITA su Festeinmusica.it

1 ANNO di presenza su Matrimonioinmusica.it al 50% del suo costo
6 MESI di presenza sul nuovo Portale FESTEINMUSICA.IT GRATIS

2

3 ISCRIVITI SUBITO

4 AFFRETTATI.... LA PROMOZIONE STA PER SCADERE!!!

Il Portale n° 1 in Italia	per la musica e l'animazione per Matrimoni
dai 5.000 ai 15.000€	di FATTURATO solo dal ns sito
Oltre 9.000	visitatori al mese
Oltre 500.000	pagine visitate in 1 anno

CLICCA QUI <<
e scopri le condizioni di iscrizione
che ti abbiamo riservato

CONTATTACI <<
per qualsiasi informazione

6

Cell. 392.9478474
Tel. 0543.795085
Fax. 0543.795078

Matrimonioinmusica.it
staff@matrimonioinmusica.it

I risultati del test sono riassunti nella tabella seguente.

	Invio A	Invio B
Email inviate	1862	1856
Email consegnate	1631 (87,6%)	1620 (87,3%)
Email lette	427 su 1631 (26,2%)	64 su 1620 (3,9%)
Click da utenti unici	47 su 427 (11%)	13 su 64 (20,3%)
Click totali	67	24
Click su link 1	8 (11,9%)	-
Click su link 2	1 (1,5%)	-
Click su link 3	23 (34,3%)	8 (33,3%)
Click su link 4	9 (13,4%)	6 (25%)
Click su link 5	25 (37,3%)	9 (37,5%)
Click su link 6	1 (1,5%)	1 (4,17%)

Sicuramente la campagna A ha avuto enormemente più successo in termini di aperture e click, probabilmente perché è più concreta (fin dall'oggetto si capisce subito di che si tratta) e forse anche perché è stata inviata a inizio agosto e non proprio nella settimana dopo ferragosto (quando gli utenti erano probabilmente in piena attività e forse avevano anche qualche difficoltà a collegarsi per leggere la posta).

Per quanto riguarda i link che hanno avuto più click, la statistica non sorprende affatto. È normale infatti che le chiamate all'azione più chiare (tasto cliccabile e con contrasto cromatico) e poste verso la fine del messaggio prevalgano su tutte le altre (a meno che gli utenti non si fidino talmente tanto del mittente da cliccare subito senza leggere oltre il messaggio).

CONCETTO CHIAVE n. 28: i link cliccabili e le chiamate all'azione vanno inserite più volte all'interno del messaggio in formati e posizioni diverse, in modo da minimizzare il rischio che non vengano riconosciute e aumentare le probabilità di contatto.

Strategie per aumentare i tassi di apertura

Oltre il 70% delle aperture avviene in media entro ventiquattro ore dall'invio (oltre il 90% nei primi tre giorni), ma ciò dipende anche dall'ampiezza internazionale degli invii, dalla tipologia di messaggio e dal giorno in cui si fa la spedizione.

I dati delle aperture non possono essere precisi perché è impossibile tracciare le mail in formato testo e quelle destinate a utenti con il blocco delle immagini attivo (oltre il 40% degli italiani), così come invece risulteranno aperte tutte le mail destinate agli utenti che hanno l'anteprima automatica dei messaggi attivata (circa il 44% dei navigatori nostrani).

Per questo motivo, per quanto riguarda i tassi di apertura si deve far riferimento soprattutto ai trend storici, più che ai valori assoluti di ciascun invio. Uno dei metodi migliori per aumentare il numero di conversioni di una campagna è agire sugli utenti che non hanno ricevuto il messaggio o che appaiono tra quelli che non l'hanno aperto, sempre senza esagerare (perché abbiamo visto che invece potrebbero averlo letto!).

Ci sono varie attività che si possono svolgere su questi utenti per tentare di ottenere una risposta (che non sia la richiesta di cancellazione, ovviamente!). Se l'email non è giunta a destinazione, ovviamente si può solo verificare che l'indirizzo non abbia errori di digitazione facilmente individuabili. Se invece l'email è arrivata ma non è stata aperta, il problema potrebbe essere legato ai filtri antispam o risiedere nella scarsa attrattiva dell'oggetto.

Si può allora provare un cambio di oggetto (testando eventualmente anche offerte diverse), di mittente (per evitare i filtri antispam), di formato o un invio in giorni e/o orari differenti.

Ecco un esempio pratico tratto dalle campagne di email marketing del portale matrimonioinmusica.it, un sito che si propone di mettere in contatto chi cerca musicisti per i propri eventi con una serie di artisti iscritti nel portale. Questo primo messaggio è stato spedito a circa 1800 musicisti che nel tempo hanno contattato il portale, ma che non si sono iscritti. L'oggetto di questo primo messaggio era: "Approfittate dell'irripetibile promozione".

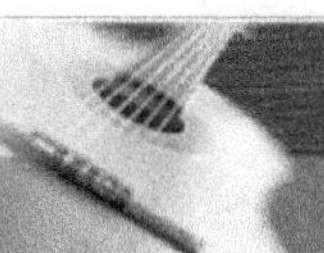

Le statistiche hanno evidenziato un tasso di delivery relativamente basso (87,2%), dovuto all'archivio molto vecchio, un tasso di apertura soddisfacente (22,9% dei messaggi consegnati) e un discreto ritorno in termini di click (11,44% delle email aperte).

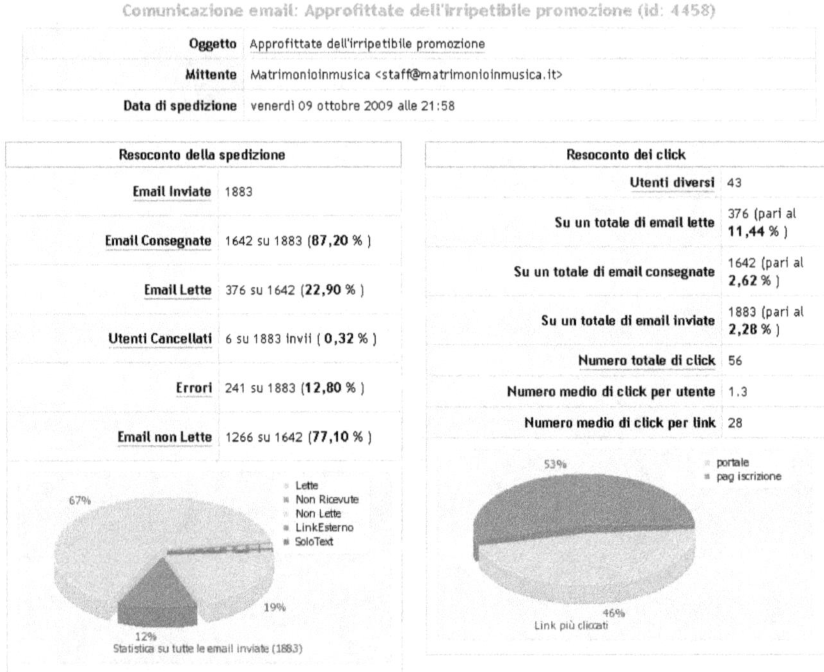

A distanza di pochi giorni dal primo invio è stata inviata una nuova comunicazione ai 1266 utenti che non avevano aperto la prima e ai 241 destinatari i cui indirizzi avevano restituito errore. In questo caso si è scelto di rendere un po' più diretto e attraente il messaggio, costruendolo con due call to action più chiare ed evidenti e cambiando il mittente e l'oggetto.

Il mittente in questo caso era: "Sei un ARTISTA?" e l'oggetto: "Scopri come guadagnare di più!" Si è qui giocato quindi ai limiti della percezione di spam, puntando molto sull'effetto di immedesimazione dell'accoppiata mittente-oggetto e sulla maggiore concretezza e vantaggiosità dell'offerta (Vuoi guadagnare di più?), ottenendo risultati molto interessanti (vedi tabella seguente).

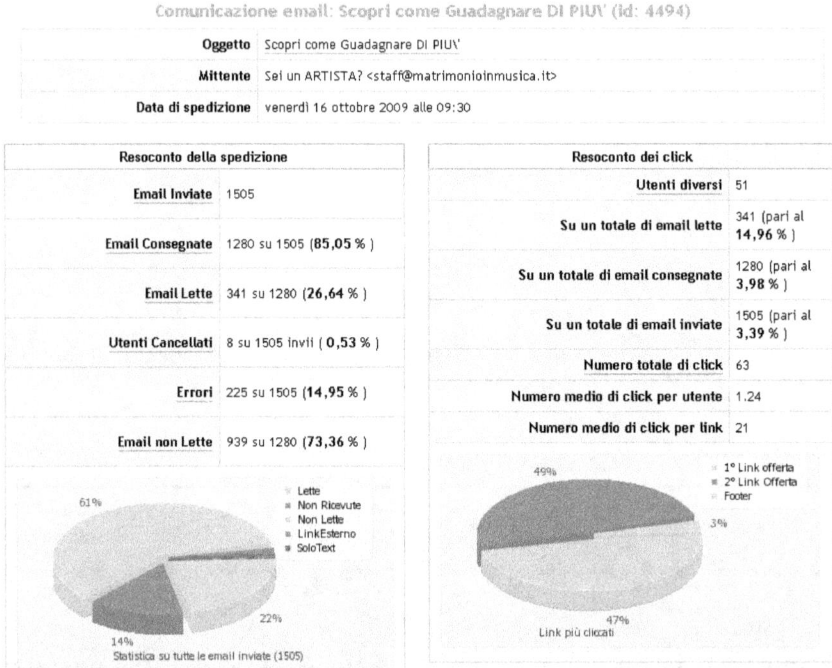

Il tasso di apertura è salito dal 22,9% delle email ricevute del precedente invio al 26,64%, tra gli utenti che non avevano nemmeno considerato il primo messaggio, mentre il tasso di click è salito al 14,96% dei messaggi aperti (quasi il 30% in più del primo invio). Considerato quindi il risultato cumulato dei due invii si è arrivati a coprire quasi il 44% del target, contro il 22,9% del solo primo invio.

Un'alternativa per ottenere ancora maggiori riscontri potrebbe essere un cambio di modalità di contatto, impostando ad esempio un mailing cartaceo o una telefonata (la scrematura degli utenti che hanno dato segni di risposta alle email comunque limiterà molto il costo dell'operazione).

Naturalmente tutto è sempre perfezionabile. E se si volesse tentare di migliorare i ritorni in termini di contatti si potrebbe ancora **lavorare sulle offerte o sulla chiamata all'azione inserita nel messaggio o sulla landing page**.

C'è infatti una buona probabilità che un utente che ci legge regolarmente senza cancellarsi dalla lista, anche se non ha reazioni apparenti, sia comunque ben disposto nei confronti delle nostre offerte.

Questi utenti di solito sono un ottimo target su cui lavorare per aumentare i tassi di ritorno di una campagna (sempre se non li si inonda di email!).

CONCETTO CHIAVE n. 29: tentare invii successivi (senza esagerare) limitati agli utenti che non hanno letto il primo messaggio variando l'oggetto e/o il mittente può elevare notevolmente il tasso di apertura di un singolo invio.

La pagina di cancellazione

La procedura di cancellazione è un passaggio importantissimo per mantenere in salute una lista di indirizzi. Il link di rimozione dalla lista non deve essere nascosto in nessun modo, ma anzi va evidenziato e deve portare a una procedura semplice con pochi e veloci passaggi in una pagina che identifichi il brand e la newsletter/lista dalla quale ci si sta cancellando (senza nessun altro login o inserimento dell'indirizzo da cancellare).

Costringere di fatto un utente a ricevere una serie di messaggi a cui non è più interessato attraverso una procedura molto complessa, anche se consente di contare formalmente su una lista più numerosa, è spesso un incentivo all'uso del pulsante di segnalazione spam e potrebbe danneggiare l'immagine stessa del brand mittente.

Se si pubblicano più newsletter con contenuti diversi, piuttosto che una semplice pagina di cancellazione, sarebbe meglio proporre tutte le opzioni alternative di registrazione:

- scelta tra gli altri argomenti disponibili;
- scelta della frequenza di invio;
- aggiornamento della casella email di ricezione;
- campo a testo libero non obbligatorio per spiegare le motivazioni della cancellazione (che è un'ottima fonte di informazioni sul gradimento degli argomenti trattati).

CONCETTO CHIAVE n. 30: una pagina di cancellazione dalla lista che offre la possibilità di scegliere argomenti diversi e frequenza di invio preferita, da sola è in grado di recuperare numerosi utenti prima che si cancellino.

Utilizzare al meglio i contatti ricevuti dal web

Escludendo il caso di siti di e-commerce in cui il processo di vendita è completamente automatizzato, la nostra esperienza purtroppo evidenzia come **spesso i contatti ricevuti dal web siano gestiti in modo scoordinato e discontinuo**.

Non c'è una vera e propria procedura su come gestire il contatto e ogni operatore del front desk procede con il suo metodo e il suo approccio naturale. Questo è molto negativo sia in termini di conversione di utenti in clienti effettivi, che per lo sviluppo di strategie di marketing nel medio e lungo periodo.

Per prima cosa, in ogni contatto bisognerebbe quanto meno ottenere una serie di informazioni di profilazione, cioè tutte le caratteristiche principali che sono necessarie per poter poi veicolare successivamente corrette azioni di marketing (almeno nome e cognome, nazionalità e lingua parlata).

In secondo luogo è fondamentale registrare tutti i dati raccolti in un database che garantisca in futuro di poter fare azioni su tutti i contatti in modo semplice, veloce e personalizzato (estraendo "al volo" i gruppi di utenti che più si adattano alle offerte che si vogliono di volta in volta promuovere).

In terzo luogo, qualunque sia la modalità di contatto, è importantissimo avere una procedura che consenta all'utente di vedere la nostra informativa sulla privacy e autorizzarci all'invio di messaggi promozionali. Per tutti questi motivi la raccolta attraverso uno o più moduli di contatto sul sito è sicuramente la scelta migliore da ogni punto di vista (approfondiremo il discorso nel successivo capitolo al paragrafo sulle modalità di contatto).

Infine, quando si riceve una richiesta di informazioni è assolutamente fondamentale rispondere quasi in tempo reale, richiamando via telefono, se possibile (e conveniente), almeno i contatti più promettenti.

CONCETTO CHIAVE n. 31: le nostre statistiche mostrano enormi differenze in termini di conversioni a seconda della rapidità nella risposta e se c'è stato o meno un contatto telefonico diretto.

Calcolare il ritorno economico di una campagna

Il tasso di ROI (Return On Investiment) altro non è che il rapporto fra gli utili ottenuti da una certa attività e l'investimento fatto per realizzarla.

Facciamo un'ipotesi di calcolo di ROI applicato a una campagna di email marketing, considerando anche tutti i costi per contatto e per cliente in modo da poterli poi confrontare con altri media pubblicitari (fiere, mailing cartacei, pubblicità offline ecc.). Ipotizziamo che:

- la costruzione o l'acquisto di una lista di indirizzi email sia costato inizialmente 3000 euro e che si voglia ammortizzare la spesa in tre anni;

- i costi di gestione dell'applicativo di invio mail e del server di posta ammontino a circa 500 euro all'anno e che il costo delle campagne di web marketing per ampliare la lista sia di 1000 euro (l'investimento annuale nel periodo sarà stato quindi di 2500 euro);

- le vendite apportino un ricavo di 200 euro l'una, con un utile netto del 10%, pari cioè a 20 euro per ogni vendita;

- gli utenti che hanno aperto le mail siano stati circa 8300 al mese (e quindi circa 100.000 l'anno) e i click su link siano stati circa il 5% = 5000, di cui circa il 3% = 150 siano diventati poi clienti effettivi (con un totale di utili pari quindi a 150x20 = 3000 euro).

In questo caso, il costo per utente sarebbe di 0,025 euro (cioè 2500 euro/100.000 utenti), il costo per contatto utile di 0,5 euro (cioè 2500 euro/5000 utenti), il costo per cliente di 16,66 euro (cioè 2500 euro/150 utenti) e il tasso di ROI sarebbe pari al 20% (cioè 3000 euro/2500 euro).

L'aggiornamento delle liste

Dopo ogni invio è fondamentale che il sistema di spedizione sia in grado di gestire automaticamente le cancellazioni dalla lista.

In questo modo si eviteranno gran parte delle potenziali problematiche di violazione della normativa sulla privacy nazionale. Un altro aspetto che andrebbe curato è l'eliminazione degli indirizzi sbagliati e la correzione degli errori sintattici o di battitura degli indirizzi email.

Va qui sottolineato che **in teoria non è possibile correggere gli indirizzi con errori di trascrizione**, a meno che non siano banali errori di digitazione nell'inserimento del dato riportato su un supporto cartaceo, in quanto per la legge l'utente ha concesso la propria autorizzazione solo per l'indirizzo effettivamente raccolto (giusto o sbagliato che sia).

Esistono però vari programmi in grado di effettuare questa "ripulitura" in maniera automatica, tuttavia risultano convenienti solo in caso di liste piuttosto corpose.

In generale un rapido sguardo agli indirizzi che hanno generato le mail di ritorno è già un'attività più che sufficiente a individuare la maggior parte delle problematiche legate a errori di battitura. Il formato corretto di qualsiasi indirizzo di posta elettronica è il seguente:

testo@dominio.xx

Premesso che negli indirizzi email **non c'è alcuna differenza tra lettere maiuscole e minuscole**, nel testo prima della chiocciola e nel nome di dominio possono essere usati solo numeri (da 0 a 9), lettere dell'alfabeto latino (A-Z), punti e trattini (alti o bassi).

Con xx intendiamo il **Top Level Domain**, ovvero il dominio nazionale di primo livello del mantainer del servizio di posta elettronica. Su Internet è possibile reperire facilmente l'elenco completo di tutti i codici ISO utilizzati per i domini.

Non possono essere usati:

- lettere accentate o caratteri speciali;
- spazi;
- apostrofi e punteggiatura non consentita (al di fuori di punti, trattini alti e trattini bassi).

Devono invece essere presenti:

- la chiocciola @;
- il punto separatore tra del nome del dominio e il TDL nella seconda parte dell'indirizzo.

RIEPILOGO DEL CAPITOLO 5:

- CONCETTO CHIAVE n. 24: sarebbe fuorviante considerare l'efficacia di un certo messaggio rapportando i tassi di apertura o di click al solo dato grezzo del numero totale di email spedite.

- CONCETTO CHIAVE n. 25: se la deliverability è inferiore all'85% bisogna ripulire gli archivi, riconfigurare o sostituire il software o il server/dominio di invio. Se il numero di utenti che aprono il messaggio è inferiore al 10% di quelli che l'hanno effettivamente ricevuto si deve migliorare l'oggetto o rendere più riconoscibile il mittente. Se il numero di utenti che hanno cliccato su uno dei link nel messaggio è inferiore al 7-8% delle email aperte si deve lavorare sui testi proposti e sulla loro formattazione.

- CONCETTO CHIAVE n. 26: l'offering test è fondamentale per capire che tipo di offerta suscita maggiore attenzione nella nostra lista di utenti.

- CONCETTO CHIAVE n. 27: negli split test è fondamentale che i gruppi di persone a cui si inviano i messaggi siano i più omogenei possibili (stesso target), che abbiano almeno un migliaio di utenti ciascuno e che le mail vengano inviate contemporaneamente a tutti i gruppi.

- CONCETTO CHIAVE n. 28: i link cliccabili e le chiamate all'azione vanno inserite più volte all'interno del messaggio in formati e posizioni diverse, in modo da minimizzare il rischio che non vengano riconosciute e aumentare le probabilità di contatto.

- CONCETTO CHIAVE n. 29: tentare invii successivi (senza esagerare) limitati agli utenti che non hanno letto il primo messaggio variando l'oggetto e/o il mittente può elevare notevolmente il tasso di apertura di un singolo invio.

- CONCETTO CHIAVE n. 30: una pagina di cancellazione dalla lista che offre la possibilità di scegliere argomenti diversi e frequenza di invio preferita, da sola è in grado di recuperare numerosi utenti prima che si cancellino.

- CONCETTO CHIAVE n. 31: le nostre statistiche mostrano enormi differenze in termini di conversioni a seconda della rapidità nella risposta e se c'è stato o meno un contatto telefonico diretto.

CAPITOLO 6:

Gli elementi complementari
di una campagna di email marketing

La pagina di sottoscrizione sul sito

La pagina di sottoscrizione del servizio di newsletter è fondamentale per incrementare la propria lista, per questo **bisogna offrire all'utente uno spaccato preciso di quello che saranno i contenuti a lui proposti**, magari arricchendo il tutto con qualche omaggio interessante (report gratuiti, ebook, tool software utili ecc.).

CONCETTO CHIAVE n. 32: la stragrande maggioranza dei navigatori web è già iscritta a numerose mailing list e, anche se ritiene un sito o una newsletter interessanti, molto difficilmente sottoscriverà un nuovo servizio se non vede elementi immediati di grande vantaggio rispetto ai servizi che già usa regolarmente.

Per questo bisogna evidenziare al massimo i punti salienti dell'offerta, senza essere troppo verbosi, e scegliendo attentamente le parole della presentazione al fine di rassicurare l'utente circa l'intenzione di non inondarlo di messaggi che gli faranno perdere solo del tempo (o di non farlo inondare da qualche nostro partner commerciale). In questi casi è essenziale chiedere solo le informazioni realmente necessarie per la corretta profilazione dell'utente, che si ritiene di utilizzare in futuro per effettuare campagne mirate.

Fa parte del galateo del perfetto email marketer la conferma dell'iscrizione attraverso una pagina di benvenuto (che riporta anche quale sarà l'indirizzo del mittente per l'eventuale inserimento in white list) e le indicazioni su come cancellarsi se ci si è iscritti per errore. Così come appare molto professionale mandare subito un messaggio di benvenuto in cui si preavvisa circa la tempistica per il ricevimento della prima newsletter (o si invia direttamente l'ultima pubblicata).

La gestione della reputazione online e il web 2.0

Con il diffondersi dei siti che utilizzano contenuti forniti dagli utenti la gestione della propria reputazione online è ormai diventata un aspetto fondamentale per molte aziende (soprattutto quando si ha a che fare con consumatori finali e non solo con altre aziende). Sono molti i portali che danno la possibilità agli utenti di esprimere un parere sugli acquisti effettuati e Google stesso si sta attrezzando per raccogliere ed evidenziare al massimo questi commenti nei propri risultati di ricerca.

A tale riguardo è assolutamente fondamentale prendere il controllo della scheda della propria azienda nel local business center delle mappe di Google, che probabilmente nei prossimi anni diventerà uno dei collettori più importanti delle recensioni degli utenti.

In molti tra i portali di social referencing è possibile registrarsi gratuitamente, cosa che consigliamo sempre di fare per presidiare comunque i dettagli e gli eventuali elementi multimediali (immagini e video) sulla propria scheda aziendale.

Le email di richiesta di commenti e suggerimenti sui propri servizi sono uno dei possibili mezzi per lavorare sulla fidelizzazione dei clienti e, contemporaneamente, sulla propria reputazione online.

Non è sicuramente un caso che tutti i più grandi shop online in qualsiasi settore utilizzino già da tempo in maniera massiccia questa strategia.

CONCETTO CHIAVE n. 33: la capacità con cui riusciremo a far emergere online i commenti positivi dei nostri utenti rispetto a quelli negativi sarà determinante nei prossimi anni per ottenere il massimo risultato dalla nostra presenza online.

Da questo punto di vista sarà decisivo l'utilizzo di questionari di soddisfazione da proporre al cliente e di messaggi inviati subito dopo l'acquisto in cui si chiede agli utenti più soddisfatti di esprimere il proprio parere sui portali più visitati (vedi al riguardo il modello di email in Appendice I).

Se poi tali messaggi saranno accompagnati da piccole offerte, magari vincolate a periodi di bassa attività o su prodotti a bassa rotazione, si potrebbero ottenere in un sol colpo quattro effetti positivi contemporaneamente:

- mostrare al cliente che siamo interessati alla sua opinione e vogliamo **migliorare sempre più i nostri servizi**;
- migliorare la nostra **reputazione online**;
- **fidelizzare il cliente** offrendogli un valido motivo per ritornare;
- **aumentare le vendite** in periodi di bassa attività o su prodotti a bassa rotazione.

Le email transazionali

Si tratta di tutti i messaggi di sistema generati in automatico dal sito durante o a seguito di qualche evento in cui è possibile identificare il navigatore.

Possono essere classificate come tali le email di ringraziamento dopo la registrazione a un servizio o un acquisto effettuato, o le conferme dopo la variazione dei dati dell'utente o l'inserimento di un post in un blog ecc.

È fondamentale per l'immagine aziendale e per le vendite curare questi messaggi nei dettagli, in quanto queste email hanno tassi di apertura di solito irraggiungibili dalla maggior parte degli altri messaggi che potremmo mai inviare all'utente.

CONCETTO CHIAVE n. 34: inserire, ove possibile, nei messaggi transazionali delle offerte complementari o dei richiami ad altre aree del sito o ai profili aziendali nei social network o ad altri contenuti interessanti, può risultare molto vantaggioso in termini di visite e di vendite.

Bisogna naturalmente evitare di distrarre l'utente con contenuti alternativi durante procedure di registrazione complesse. Una buona gestione delle email transazionali può evitare anche malintesi e, soprattutto, aumenta la percezione di qualità e di affidabilità dell'azienda che c'è dietro.

Le pagine di atterraggio

Le cosiddette *landing page* sono pagine isolate rispetto al sito, destinate specificamente alla promozione/vendita di un certo prodotto o servizio.

Si tratta normalmente di pagine che sono esterne alla struttura del sito e che quindi non riportano il menù di navigazione principale (se non come last chance, e solo se conviene realmente farlo).

Sarebbe troppo lungo analizzare qui tutte le loro caratteristiche principali, proponiamo però una piccola check list di quello che non dovrebbe mai mancare:

- un **richiamo al logo** o ai colori o ai tratti grafici distintivi dell'azienda (branding);

- un'**immagine di intestazione** (non troppo alta!) o una breve premessa (pre-heading) che faccia immediatamente capire all'utente di cosa si sta parlando in questo contesto;

- un **titolo** in bella evidenza (heading) che renda immediatamente chiaro il contenuto dell'offerta;

- un **sottotitolo** con un breve testo descrittivo che spieghi sinteticamente i vantaggi e i contenuti principali dell'offerta (i plus);

- un **richiamo grafico**, un'immagine o un video che aiutino a spiegare quanto fin qui scritto a parole;

- **testi brevi riepilogativi** dei vantaggi dell'offerta (hooks), con frasi a effetto che fanno leva sulle aspettative dei navigatori;

- varie **chiamate all'azione** disseminate in link nel testo (più o meno enfatizzati) o evidenziate tramite pulsanti grafici o immagini;

- **box di registrazione rapida** (se è prevista la possibilità di scaricare qualcosa o registrarsi per qualche servizio o omaggio), in modo da concretizzare una o più azioni obiettivo secondarie;

- **indicazione dei prezzi chiara e inequivocabile**, possibilmente non "sparata" subito in primo piano e in alto, a meno che non si parli con clienti che ci conoscono molto bene e non si tratti di uno degli elementi essenziali dell'offerta (leggi: "prezzaccio");

- **descrizione dettagliata** di tutti i particolari dell'offerta;

- **rassicurazioni**, garanzie soddisfatti o rimborsati (se possibili), risoluzione anticipata delle obiezioni più comuni, testimonial e partner di rilievo (riconoscimento sociale);

- **last chance** (se ritenuta utile), ultima occasione di non lasciare il sito offendo magari ulteriori possibilità di contatto o di navigazione.

Quello che invece non dovrebbe mai essere inserito in una landing page sono dei "punti di fuga", se non strettamente necessari (ad esempio verso un modulo di registrazione).

L'azione obiettivo di queste pagine è infatti quella di trasformare il visitatore portato sulla pagina in un potenziale cliente disposto a fare un'azione che lo identifica o ad acquistare qualcosa.

Per questo motivo non devono esserci richiami ad altre offerte o altre distrazioni che disturbino "l'imbuto" fatto fino a questo momento sulla nostra azione obiettivo (almeno che non si rendano assolutamente necessarie per chiarire l'offerta stessa).

Lo stesso inserimento di una last chance va attentamente valutato da questo punto di vista proprio per evitare vie di uscita non utili all'azione obiettivo della pagina.

Le modalità di contatto
Oltre alle classiche modalità di contatto, cioè telefono, fax e moduli online, esistono oggi numerose altre possibilità che influiscono molto sul potenziale impatto psicologico sugli utenti.

Ci riferiamo in particolare ai numeri verdi (con collegamento online o tradizionali), ai servizi di chat e telefono VoIP (Skype, MSN Messenger ecc.) e ai servizi dei social network.

Tuttavia i moduli di contatto online (form) sono preferibili rispetto a qualsiasi altra modalità (inclusa l'email diretta) per una serie di motivi:

- se gli utenti utilizzeranno gli indirizzi email attraverso il loro client di posta ciò **non vi permetterà di gestire successivamente il contatto su database**, a meno di non riportare manualmente tutti gli indirizzi da cui si sono ricevuti messaggi in un database profilato (con tutti i rischi che questo comporta in termini di legge sulla privacy);

- **non avrete alcuna autorizzazione all'invio di email commerciali** da parte di potenziali futuri clienti;

- **non sempre sarà possibile ricavare dalla email** o dalle altre forme di comunicazione **tutti i dati di profilazione** che potreste ricavare da un form strutturato (nome e cognome, nazionalità, lingua parlata ecc.), gli unici dati certi saranno ciò che l'utente riterrà opportuno specificare;

- gli indirizzi pubblicati su pagine web sono poi **facilmente individuabili dagli spammer**, e vi espongono al rischio molto concreto che i vostri indirizzi email finiscano in liste, magari anche rivendute online;

- in assenza di un form online, **gli utenti che non vi stanno scrivendo dal proprio computer potrebbero non potervi contattare se non per telefono** (raramente un utente si appunta un indirizzo email per scrivere in un momento successivo).

Paradossalmente, l'unico vantaggio offerto dall'indirizzo di posta messo in evidenza sul sito è il fatto che l'utente possa inviarvi più facilmente, usando un copia-incolla, lo stesso testo che ha scritto magari a decine di altre strutture ricettive.

CONCETTO CHIAVE n. 35: i moduli di contatto con campi preimpostati sono di gran lunga la modalità di contatto online preferibile perché, se ben costruiti, consentono di ottenere la liberatoria sulla privacy in maniera semplice e automatica, e forniscono tutte le informazioni di profilazione minime per un contatto efficace.

Di seguito un esempio di modulo di contatto utilizzato da un sistema di invio professionale.

Modulo di prenotazione

Cognome e nome*

Indirizzo

Città

Provincia --

Nazione --

Telefono fisso

Telefono cellulare
*comprensivo di prefisso internazionale
(ad es. +39 32212345678)* +39

Email*

Verifica e-mail*

Fascia eta* --

Interessato a*

☐ week-end romantici ☐ week-end benessere

☐ soggiorni d'affari ☐ celebrazioni speciali

☐ turismo alternativo ☐ turismo enogastronomico

☐ turismo termale ☐ fiere

Richiesta informazioni

☑ Iscrivimi alla newsletter

invia cancella

i campi contrassegnati dall'asterisco (*) sono obbligatori

Il sito internet

Un sito internet di aspetto grafico curato è in grado di presentare la vostra struttura in maniera molto più immediata di qualsiasi altro strumento promozionale.

CONCETTO CHIAVE n. 36: la mente umana è in grado di formare la prima impressione di un sito web (e dell'azienda che vi è rappresentata) in appena 1/20 di secondo (un battito di ciglia).

Nella navigazione successiva il cervello lavorerà poi inconsciamente per confermare l'impressione iniziale che ha inizialmente registrato (positiva o negativa che sia). I contenuti e l'interfaccia di navigazione devono favorire al massimo la scorrevolezza e l'approfondimento della navigazione, devono cioè essere "progressivi".

Soprattutto nella home page, quindi, non ci deve essere tutto il contenuto potenzialmente interessante del sito, ma solo i giusti "agganci", quanto di migliore e più convincente si può trovare nelle pagine interne. Dato che i motori di ricerca spesso ormai portano gli utenti direttamente all'interno dei siti, ciò vale anche per molte sezioni oltre la home.

Le statistiche di navigazione dimostrano che abbiamo dai tre ai sette secondi per convincere un navigatore che viene dai motori di ricerca a proseguire nel nostro sito (non bisogna mai dimenticare che i nostri concorrenti sono sempre a un click di distanza).

Fin dalla home page, nel sito devono quindi trovare posto solo i contenuti più interessanti (con le parole chiave più importanti) espressi molto sinteticamente e con le migliori immagini, e al navigatore deve essere offerta la navigazione più intuitiva possibile. Il sito è il biglietto da visita di un'azienda, per questo i soldi spesi per un buon grafico web e per una buona agenzia specializzata nella realizzazione di siti sono sempre ben investiti.

La visibilità online

La visibilità online deve essere un obiettivo primario per qualsiasi azienda voglia acquisire clienti attraverso l'email marketing e il proprio sito internet.

CONCETTO CHIAVE n. 37: un sito ben visibile in rete per le principali parole chiave legate al proprio settore di business è uno degli strumenti più importanti per ampliare il proprio database di marketing.

Sono molti e di varia natura i fattori che influiscono sulla visibilità online di un sito web. Alcuni dipendono dai contenuti e da come è stato realizzato (**fattori on page**) e altre da come è "visto" in Internet (**fattori off page**).

Oggi risulta molto più importante l'attività esterna, che non quella on-site, perché negli anni passati molti webmaster hanno tentato di ingannare i motori di ricerca attraverso i contenuti e le strutture stesse delle proprie pagine.

Dopo aver provveduto a capire come vengo cercato dai miei potenziali clienti e aver inserito nei punti opportuni le giuste parole chiave (la cosiddetta ottimizzazione), ci si dovrà quindi concentrare soprattutto su fattori esterni. Sostanzialmente, si può dire che ogni link verso un sito sia per i motori di ricerca come un voto a favore dell'importanza dei suoi contenuti. Non tutti i link sono però ugualmente rilevanti per ottenere visibilità online.

Occorrono link in ingresso da siti a loro volta ritenuti importanti (e quindi con un alto page rank), che parlino possibilmente di argomenti correlati a quelli del nostro sito. Proprio perché importanti per ottenere visibilità, questi link spesso non sono facili da ottenere, ma vanno guadagnati con attività di article marketing o contatti diretti con i webmaster di quei siti oppure, al limite e con grande attenzione, possono essere acquistati dai portali che sono disposti a venderli.

Il modo migliore per capire su quali vale la pena investire è verificare dove sono presenti i nostri competitori più visibili online e provare a essere presenti in quei siti anche noi. Fortunatamente non tutti i siti da cui si possono ottenere link sono a pagamento. Per questo diventa importante sapere bene a chi proporsi o dove caricare i propri contenuti in modo da poter poi ottenere un link al nostro sito.

Uno dei punti di partenza inevitabili rimane ancora oggi www.dmoz.org, il più grande progetto di directory aperta gestita da volontari oggi online.

Altre strategie di link popularity emergenti riguardano l'uso di contenuti multimediali da caricare su appositi portali dedicati (YouTube, Flickr, SlideShare ecc.), la diffusione delle novità nei social network e la diffusione di comunicati stampa e articoli in portali di settore e siti di social news o la segnalazione di link nei siti di social bookmarking.

Un altro ambito di possibile ricerca di visibilità estremamente utilizzato è la gestione di **campagne di Pay Per Click** (le cosiddette keyword advertising).

I meccanismi alla base del funzionamento di questo strumento sono molto complicati, per questo ci limitiamo a fornire qualche indicazione di massima:

- cominciare usando solo **parole chiave estremamente specifiche** (da tre-quattro parole in su comprendenti la località precisa in cui si trova la struttura) per poi allargare il tiro progressivamente;

- **utilizzare inizialmente solo la** rete di ricerca e, solo successivamente, se il budget lo consente, attivare la rete di contenuto;

- **usare** parole chiave negative per escludere la visualizzazione in caso di ricerche connesse agli annunci ma non particolarmente rilevanti.

RIEPILOGO DEL CAPITOLO 6:

- CONCETTO CHIAVE n. 32: la stragrande maggioranza dei navigatori web è già iscritta a numerose mailing list e, anche se ritiene un sito o una newsletter interessanti, molto difficilmente sottoscriverà un nuovo servizio se non vede elementi immediati di grande vantaggio rispetto ai servizi che già usa regolarmente.

- CONCETTO CHIAVE n. 33: la capacità con cui riusciremo a far emergere online i commenti positivi dei nostri utenti rispetto a quelli negativi sarà determinante nei prossimi anni per ottenere il massimo risultato dalla nostra presenza online.

- CONCETTO CHIAVE n. 34: inserire, ove possibile, nei messaggi transazionali delle offerte complementari o dei richiami ad altre aree del sito o ai profili aziendali nei social network o ad altri contenuti interessanti, può risultare molto vantaggioso in termini di visite e di vendite.

- CONCETTO CHIAVE n. 35: i moduli di contatto con campi preimpostati sono di gran lunga la modalità di contatto preferibile online, perché, se ben costruiti, consentono di ottenere la liberatoria sulla privacy in maniera semplice e automatica e forniscono tutte le informazioni di profilazione minime per un contatto efficace.

- CONCETTO CHIAVE n. 36: la mente umana è in grado di formare la prima impressione di un sito web (e dell'azienda che vi è rappresentata) in appena 1/20 di secondo (un battito di ciglia).

- CONCETTO CHIAVE n. 37: un sito ben visibile in rete per le principali parole chiave legate al proprio settore di business è uno degli strumenti più importanti per ampliare il proprio database di marketing.

Conclusioni

Nonostante la crescita esponenziale di forme di promozione più o meno dirette, attraverso siti web 2.0 o canali alternativi, l'email marketing rimarrà ancora a lungo uno strumento di business insostituibile su Internet.

Se è vero che la sua diffusione universale e la facilità d'uso garantiranno probabilmente ancora per qualche anno un ruolo centrale a questo mezzo di comunicazione, è però altrettanto vero che ottenere buoni risultati in termini di ritorni da un investimento in email marketing sarà sempre più difficile.

Come già abbiamo avuto modo di sottolineare altrove, il successo in questo settore dipenderà nel prossimo futuro sempre più non tanto dall'ampiezza della propria mailing list, ma dalla capacità di profilare gli utenti in modo da riuscire a inviare a ciascuno in maniera automatica la comunicazione più giusta nel momento più adatto.

Per questo già oggi pensare di ottenere buoni risultati senza prima crearsi un know how specifico e senza dotarsi di strumenti specialistici avanzati è senza dubbio una pia illusione.

I sistemi antispam, ma soprattutto il numero e la varietà sempre crescente di messaggi non sollecitati che arrivano quotidianamente nella casella di ciascuno di noi ci impongono inevitabilmente un "salto di qualità" rispetto alla massa degli operatori che usano queste tecniche, pena l'impossibilità di ottenere risultati concreti e misurabili.

Con questa guida abbiamo voluto fornire le principali indicazioni metodologiche per evitare gli errori più gravi (che in questo settore potrebbero essere irrecuperabili) e per effettuare le difficili scelte tecniche e di comunicazione che si celano dietro una campagna email di successo.

Speriamo davvero di esserci riusciti…

Bibliografia essenziale

AA.VV., *2009 Email Marketing Benchmark Guide*, Marketing Sherpa, 2009.

Steve Krug, *Don't make me think* (II edizione), HOPS, 2008.

Roberto Ghislandi, *Email marketing*, Alpha Test, 2008.

Nazzareno Gorni, Marco Maglio, *Email marketing*, Hoepli, 2009.

Human Highway (a cura di), *Email Marketing Consumer Report 2009*, Contactlab, 2009.

Amy Schade, Jacob Nielsen, *Email Newsletter Usability*, 3rd Edition, Nielsen Norman Group.

Gianpaolo Lorusso, *Le best practices più efficaci dell'email marketing*, Diennea, 2009.

Human Highway (a cura di), *Privacy e Permission Marketing Rapporto Italia 2009*, Diennea, 2009.

Sitografia essenziale

http://blog.mailup.it/: blog italiano di uno dei player più importanti nell'ambito dell'email marketing nazionale.

http://www.blogmarketing.it: blog italiano sull'email marketing.

http://www.emailcaffe.it: blog italiano sull'email marketing.

http://www.email-marketing-reports.com/: sito americano con numerosi studi e white paper sull'email marketing.

http://www.mestierediscrivere.com/: sito ricco di contenuti e suggerimenti per la scrittura di testi per il web.

http://www.marketingsherpa.com: azienda americana di ricerche di mercato specializzata in report sul web e sull'email marketing.

http://www.nielsennormangroup.com: azienda americana specializzata in usabilità web, che ha sfornato anche alcuni report sull'email marketing.

http://www.magnews.it/it/resources/buone-pratiche-tecniche-email-marketing-best-practice: raccolta di best practice per l'email marketing.

http://www.sito-perfetto.it/: ebook collaborativo sulle migliori tecniche di comunicazione web.

APPENDICE I
Modelli di messaggi

Modelli di questionari di customer satisfaction

Il questionario di customer satisfaction, se abbinato a una mail con cui si indicano siti in cui inserire le referenze, può essere uno strumento formidabile di marketing e un ottimo meccanismo di raccolta di autorizzazioni all'invio di materiale pubblicitario.

Sarebbe un po' troppo lungo affrontare in questa sede tutte le caratteristiche di un buon questionario di soddisfazione della clientela. Riassumiamo le linee guida principali:

- **brevità** (mai più di una pagina);
- **massimo sette-otto domande**;
- **risposte chiuse con tre o massimo cinque risposte**;
- **modalità di risposta chiare** (scarso, medio, ottimo o numeri da 1 a 5, oppure faccine);
- **domanda chiave** (consiglierebbe i nostri prodotti/servizi ad amici?);

- **campo commenti finali a testo libero**;
- **informativa e autorizzazione all'invio di materiale pubblicitario**.

Ecco di seguito un esempio pratico pronto per l'uso.

Lo staff di [azienda] ti ringrazia per aver scelto [prodotto/servizio]. Ti chiediamo pochi secondi del tuo tempo prezioso per esprimere una valutazione sui nostri servizi.

- disponibilità e gentilezza del personale ☹ ☺ ☺
- preparazione del personale ☹ ☺ ☺
- hai trovato facilmente il tuo prodotto nel sito? ☹ ☺ ☺
- hai trovato esaurienti le informazioni nella scheda? ☹ ☺ ☺
- sei soddisfatto del prodotto/servizio acquistato? ☹ ☺ ☺
- sei soddisfatto del servizio di assistenza? ☹ ☺ ☺
- torneresti a essere nostro cliente? ☹ ☺ ☺
- consiglieresti la nostra struttura ad amici/parenti? ☹ ☺ ☺

Consigli e osservazioni

[campo a testo libero]

Come ci hai trovato?

□ sito _______________________   □ passaparola/amici

□ pubblicità online   □ stampa _______________

□ motori di ricerca   □ altro _______________

Se desideri ricevere in futuro offerte a te riservate lasciaci i tuoi dati di contatto:

[nome, indirizzo, città di provenienza o solo CAP, email, firma]

Informativa D. Lgs. 196/2003

[vedi Appendice II]

Modello di mail di richiesta feedback online

La capacità delle aziende di indirizzare i clienti soddisfatti verso i servizi online di referenziazione più importanti sarà molto probabilmente la chiave del successo online nei prossimi mesi/anni.

La qualità e il numero dei commenti degli utenti influiranno sempre più sulle scelte d'acquisto e sulla visibilità stessa del sito nei motori di ricerca. Per questo è determinante invitare i propri utenti più soddisfatti a esprimersi nei modi e nei siti giusti.

Tra i meccanismi con cui questo può essere fatto, un'email di richiesta feedback inviata immediatamente dopo l'acquisto potrebbe assumere un ruolo vitale. Un messaggio del genere potrebbe essere simile al seguente:

Gentile [nome],

Grazie per aver scelto [nome prodotto/servizio + piccola descrizione per aiutare l'utente a capire a cosa ci riferiamo].

Ti saremmo molto grati se volessi esprimere la tua opinione circa il tuo acquisto su Ciao.it, Iakkè, Google, Sito.

[parte opzionale]

Quando tornerai da noi per il tuo prossimo acquisto inviaci un link alla tua recensione, saremo felici di riservarti un piccolo omaggio [uno sconto esclusivo/un servizio gratis/un'offerta esclusiva/ecc.] per dimostrarti la nostra gratitudine.

[fine parte opzionale]

Arrivederci a presto.

[firma]

Esempio di offerta turistica mirata (DEM)

Oggetti alternativi da testare:

- ancora X camere a -- euro a [luogo] per [ponte/periodo/fiera X];

- offerta last minute a [luogo] con il 50% di sconto per [ponte/periodo/fiera X];

- il prossimo week-end a [luogo] a soli -- euro tutto incluso;

- shopping a Roma a soli -- euro a notte? I saldi li facciamo noi!

Di seguito un testo di presentazione ipotetico, da usare come traccia.

Gentile [nome],

abbiamo deciso di riservare a una ristretta cerchia dei nostri clienti un'offerta davvero imperdibile.

Se prenoti entro i prossimi tre giorni per il [ponte X, prossimo week-end, periodo della Fiera X] ti riserveremo uno sconto di ben il X% rispetto al prezzo pieno.

L'offerta si riferisce a una [camera doppia, singola, bungalow, piazzola ecc.] con [colazione, aria condizionata ecc.] che normalmente costerebbe -- euro (**risparmierai quindi ben -- euro!**).

Prenota [o contattaci] oggi stesso per assicurarti le poche camere disponibili a queste condizioni eccezionali.

[call to action con tasto o elemento grafico o link oppure dati di contatto]

Ti aspettiamo!

[Firma]

Note:

Nell'oggetto si può far leva subito sulla scarsità, sull'avversione alla perdita e sull'urgenza ad agire (soprattutto se il periodo di interesse è vicino nel tempo), sul differenziale rispetto al prezzo pieno o sul prezzo assoluto molto basso. Inoltre già si risponde a ben tre domande fondamentali: quanto costa, dov'è la struttura e dov'è la mia convenienza.

Esempio di offerta turistica "a pacchetto"

Oggetti alternativi da testare:

- il benessere tutto incluso a [luogo] per [ponte/periodo X] a partire da -- €;
- a [luogo] per [evento X] a -- euro tutto incluso;

- [ponte/periodo/fiera X] a [luogo] all inclusive al 50% di sconto;
- [ponte/periodo/fiera X] a [luogo] paghi due notti e la terza è gratis;
- un week-end speciale [alle terme di…/in beauty farm a…/al mare di…/sulle cime di…] a soli -- €.

Di seguito il testo ipotetico da usare come traccia.

Gentile [nome],
abbiamo deciso di riservare a una ristretta cerchia dei nostri migliori clienti un'offerta davvero imperdibile.

Se prenoti un soggiorno di almeno X giorni che comprenda il [ponte/periodo/fiera/mostra X], inclusi nel prezzo avrai anche…
[descrizione dei dettagli dell'offerta, se molto lunghi fare riferimento a una landing page sul sito].

La [camera doppia, singola, bungalow, piazzola ecc.] con [ciò che è incluso nel pacchetto] costerebbe normalmente -- euro, **noi ti offriamo tutto a soli -- euro (con un risparmio di ben -- euro!)**

Prenota [o contattaci] oggi stesso per assicurarti i pochi posti disponibili a queste eccezionali condizioni.

[Call to action con tasto o elemento grafico o link oppure dati di contatto]

Ti aspettiamo!
[Firma]

Note:
I vari oggetti proposti possono naturalmente essere scomposti e combinati tra loro a seconda dei vantaggi più importanti dell'offerta.

Non è sempre necessario richiamare in oggetto i costi delle offerte, specie se non sono molto competitivi o se si punta su fattori di convincimento più emozionali. In generale però riuscire a esporre in oggetto un costo molto basso, un alto sconto o una notte gratis dovrebbe aumentare molto i tassi di apertura.

Nell'oggetto, in caso di eventi, mostre, parchi o fiere molto conosciute, può non essere necessario inserire il nome della località, in caso contrario è sempre meglio ripeterlo.

APPENDICE II
Norme sulla privacy

Le norme italiane sulla tutela della privacy

Nel nostro Paese la legge di riferimento per la privacy è il Codice in materia di protezione dei dati personali, promulgato con il decreto legislativo 196 del 2003, che ha abrogato la legge 675 del 1996 (a cui quindi non si deve più fare alcun riferimento).

Come abbiamo già detto, in Italia ogni invio di massa di comunicazioni commerciali deve essere preceduto da un'informativa obbligatoria (che va solo mostrata o consegnata all'utente) e da un'autorizzazione (liberatoria) per l'invio di materiale promozionale.

Esiste però una differenza tra indirizzi aziendali e personali. I primi spesso possono essere reperiti su elenchi pubblici. Se si opera in piena conformità con la legge, ovvero inviando comunicazioni che possono essere ritenute di interesse, evitando invii massicci e indiscriminati e accertandosi che le modalità della raccolta degli indirizzi siano lecite, si possono effettuare invii con maggiore tranquillità.

Gli indirizzi email personali sono invece molto più pericolosi per un email marketer perché, anche se pubblicati online, se non si è in grado di dimostrare di aver mostrato al destinatario l'informativa sulla privacy e di essere stato da questo autorizzato all'invio di materiale promozionale, si può essere soggetti a sanzioni e pagamenti di spese procedurali.

Con le ultime modifiche apportate dal legislatore a fine 2008 le pene sono state sensibilmente inasprite e ora il trattamento illecito di dati è punito con sanzioni amministrative che nei casi particolarmente gravi possono arrivare fino a 120.000 euro (qualora l'uso illecito dei dati sia effettuato su larga scala e al fine di trarre per sé o per altri un profitto o per arrecare un danno).

La legge non definisce però un limite quantitativo fisso per definire una soglia di numerosità di indirizzi qualificabile come invio di massa. Per non incorrere in possibili sanzioni, devono quindi essere osservate le seguenti prescrizioni:

- il destinatario **deve esprimere il proprio consenso prima della ricezione** e **deve essere informato sugli scopi dell'invio**;

- non è ammesso **l'invio anonimo di messaggi** pubblicitari;

- chi detiene i dati deve sempre **assicurare agli interessati la possibilità di far valere i diritti riconosciuti dalla normativa** sulla privacy (revoca del consenso, richiesta di conoscere la fonte dei dati, cancellazione dei dati dall'archivio ecc.);

- chi acquista banche dati con indirizzi di posta elettronica è tenuto ad **accertare che ciascuno degli interessati** presenti nella banca dati **abbia effettivamente prestato il proprio consenso** all'invio di materiale pubblicitario;

- la formazione di appositi elenchi di chi intende ricevere email pubblicitarie o di chi è contrario **non deve comportare oneri per gli interessati**.

L'autorizzazione all'invio può essere validamente prestata nel nostro Paese con una modalità cosiddetta a opt-in semplice (check box durante una registrazione online o firma su un modulo cartaceo), opt-in confermato tramite un messaggio (l'utente risponde a un messaggio apparso sul sito o a una mail in cui si richiede l'autorizzazione), oppure opt-in doppio (nell'email di conferma è inserito un link di validazione che contemporaneamente verifica la validità dell'indirizzo e popola il database della mailing list).

I contenuti minimi necessari perché **l'informativa preliminare obbligatoria** sia ritenuta valida, e quindi autorizzi all'invio di messaggi promozionali sono i seguenti:

- indicazione del **titolare del trattamento**: meglio specificarlo, ma va bene anche l'indicazione generica del legale rappresentante dell'azienda;

- indicazione del **responsabile del trattamento**: se diverso dal titolare del trattamento e, in modo particolare, se la lavorazione dei dati e l'invio di messaggi è gestita da società esterne;

- **scopo della raccolta dati**: naturalmente va indicato anche l'invio di materiale promozionale via email, telefono o invio cartaceo;

- **modalità di archiviazione** ed **eventuale cessione a terzi**: specificare che i dati saranno salvati anche su supporto magnetico e che non verranno in nessun caso ceduti a terzi;
- indicazioni sulle **modalità di accesso, modifica e cancellazione gratuita** dei dati: indirizzo email e postale a cui scrivere per ottenere le modifiche.

Naturalmente, oltre a tutto ciò, per tutelarsi da eventuali azioni legali, **andrebbe conservata copia del supporto su cui si evidenzia l'autorizzazione all'invio delle comunicazioni** (sia che si tratti di email o di registrazioni nel database clienti o di moduli cartacei firmati).

L'ultimo rapporto su privacy e permission marketing realizzato per conto di Diennea (vedi Bibliografia essenziale) ha mostrato che gli utenti italiani appaiono abbastanza informati sui principi fondamentali della legge sulla privacy.

Circa due su tre sanno di poter chiedere da dove provengono i propri dati di contatto e che possono richiederne la cancellazione, anche se un 20% circa del campione ammette la propria totale ignoranza in materia.

L'informativa sulla privacy obbligatoria è sistematicamente ignorata da poco più del 20% degli utenti, mentre, all'altro opposto, c'è un 10% circa di navigatori nostrani (che equivale a circa 2,5 milioni di individui) che non solo dichiarano di leggerla sempre o quasi, ma ne conservano anche una copia.

Le parti della dichiarazione che vengono prese maggiormente in considerazione (e che comportano i maggiori tassi di abbandono) sono soprattutto la possibilità di trasferire dati a terzi e l'estensione a questi dell'autorizzazione all'invio di comunicazioni commerciali.

IMPORTANTE: L'informativa sulla privacy va redatta con accortezza citando tutte le informazioni previste dalla legge, includendo una liberatoria all'invio di materiale promozionale e ponendo il massimo sforzo nella rassicurazione dei propri utenti circa l'uso che si farà dei loro dati di contatto.

Esempio di informativa-liberatoria sulla privacy

[nome azienda] non vuole in alcun modo contribuire al dilagante fenomeno dello spamming su Internet. A tal fine la informiamo che i suoi dati non verranno in alcun caso ceduti a terzi, fatti salvi eventuali obblighi di legge e necessità tecniche legate all'erogazione del servizio. Il titolare del trattamento è il legale rappresentante della [nome azienda], sig. XXX. Il trattamento sarà realizzato con l'ausilio di strumenti informatici da parte del titolare e degli operatori da questo incaricati. Il trattamento è finalizzato all'erogazione dei servizi richiesti, all'elaborazione di statistiche sull'uso dei servizi stessi e all'invio di informazioni promozionali (ove questo sia stato autorizzato tramite l'apposita spunta di conferma presente nel modulo di sottoscrizione).

In qualsiasi momento sarà possibile richiedere gratuitamente la verifica, la cancellazione, la modifica dei propri dati, o ricevere l'elenco degli incaricati del trattamento, scrivendo una mail a privacy@[nomeazienda].it, oppure indirizzando una comunicazione scritta a: [nome azienda e indirizzo postale].

Oltre che uniformarci a tutti gli obblighi previsti dal D. Lgs. 196/2003, garantiamo inoltre la massima attenzione alle attività di tutela dei dati da accessi fraudolenti e alla cancellazione immediata dalle nostre liste a seguito di specifica richiesta in tal senso. Per maggiori informazioni visita la pagina <Privacy Policy> (inserire link del nostro sito web).

IMPORTANTE: Questo testo è proposto a puro titolo esemplificativo. Gli autori non si assumono alcuna responsabilità circa eventuali problematiche legali che dovessero sorgere a seguito del suo uso.

GLOSSARIO DI EMAIL MARKETING

A/B test: detti anche *Split Test*, consistono nell'invio a gruppi omogenei di almeno un migliaio di indirizzi estratti dalla lista dei destinatari secondo criteri casuali e mandando ad ogni gruppo un messaggio con un solo elemento diverso al fine di testare la versione che si rivela più efficace per poi usarla nell'invio generale o usare la logica che ha funzionato meglio in invii successivi. Link back ai paragrafi: L'oggetto, Alcuni esempi reali.

Above the fold: vedi *Sopra la piega.*

Accessibilità: è la capacità di un dispositivo, di un servizio o di una risorsa di essere utilizzata da soggetti con ridotta o impedita capacità sensoriale, motoria, o psichica. In Italia il rispetto dell'Accessabilità ha trovato largo uso in internet grazie anche alla legge del 9 gennaio 2004 n.4 "Disposizioni per favorire l'accesso dei soggetti disabili agli strumenti informatici", nota anche come Legge Stanca. Secondo tale normativa la pubblica amministrazione o le organizzazioni che hanno a che fare con il pubblico sono obbligate, per legge, a realizzare siti accessibili.

Active Server Pages (ASP): Pagine web che oltre al puro codice html contengono script che sono eseguiti dal server web di Microsoft. In tal modo si possono creare pagine con contenuti dinamici che vengono ad esempio da un database localizzato sul web server.

AdSense: programma pubblicitario di Google che prevede la possibilità per i webmaster di concedere in gestione al motore spazi pubblicitari contestuali ai contenuti pubblicati nelle pagine. Vedi anche keyword advertising.

Advergame: gioco interattivo online utilizzato come forma di pubblicità virale (il veicolo principale di trasmissione è di solito il passaparola).

Adwords: Vedi *keyword advertising*.

Affiliazione: meccanismo di promozione delle vendite online in cui l'inserzionista (merchant) riconosce una provvigione prefissata o un compenso percentuale sul valore del venduto per tutte le vendite effettuate dai navigatori provenienti da altri siti (affiliati).

Affirmative consent: vedi voce *Consenso informato*.

Aggregatore di notizie: in inglese *News Aggregator*. Siti o software che raccolgono e ripubblicano o riorganizzano notizie prodotte da altre fonti tramite i feed RSS di queste ultime.

Alert: un messaggio via email che avvisa un utente iscritto a un particolare servizio di un'offerta o di un certo evento.

Alias: indirizzo email fittizio collegato ad un'altra casella o account di posta elettronica.

Allegato: in inglese *Attachment*. File inviato insieme ad una email. Molti sistemi di posta hanno un limite massimo alla grandezza dei file allegati (di solito 20Mb), quindi è bene contenerne le dimensioni. I file allegati sono potenziali veicoli di virus, in alcuni casi i sistemi di posta elettronica potrebbero quindi disabilitare la possibilità di aprirli.

Ambiente distribuito: si dice di un insieme di server e/o computer che non stanno fisicamente nello stesso locale, al contrario sono dislocati sul territorio e interconnessi tramite una rete.

America Online (AOL): Uno dei più grandi provider americani che garantisce anche servizi di posta elettronica. Solitamente per compatibilità con AOL si intende il formato html leggibile con un client di posta AOL.

Anchor text: testo inserito in un link. Molto importante per l'usabilità del link stesso e per i motori di ricerca, in quanto indica loro per quali parole la pagina di destinazione deve essere considerata rilevante. Link back al paragrafo: Azione obiettivo, call to action e last chance.

Ancora (o segnalibro): In una pagina html è un codice che permette di creare un collegamento diretto ad un punto specifico all'interno della pagina stessa (una volta effettuato il click al link che punta al segnalibro il browser si posizionerà esattamente sul punto designato nell'ancora).

Anteprima: in inglese *Preview*. Visualizzazione di un messaggio prima della sua apertura (cioè del doppio click che apre una nuova finestra). Di solito l'anteprima viene mostrata in un apposito riquadro di fianco o sotto l'elenco dei messaggi ricevuti e implica lo scaricamento delle immagini (nelle statistiche delle campagne email può creare dei falsi positivi di lettura del messaggio, controbilanciati però dai falsi negativi dovuti agli utenti che leggono effettivamente il messaggio senza scaricarne le immagini).

AOL: vedi *America Online*.

API: vedi *Application Program Interface*.

Applet: (combinazione di application e gadget) piccole applicazioni, di solito scritte in java, che possono essere incluse in una pagina web ed eseguite dal browser del navigatore. Servono di solito per rendere più interattivo e dinamico una pagina o un servizio web.

Application Program Interface (API): Insieme di procedure che permettono di interfacciare e scambiare dati tra una applicazione ed un'altra.

Application Service Provider (ASP): Azienda che offre l'utilizzo di applicazioni software da remoto – spesso via internet – in cambio del pagamento di un canone.

Article marketing: attività di pubblicazione di articoli e altri contributi online per ottenere visite o link back da siti autorevoli e tematicamente connessi al proprio. Link back al paragrafo: Il sito Internet.

ASP: vedi **1**- Application Service Provider; **2** – Active Server Pages.

Atom: formato del linguaggio XML utilizzato nei feed di aggiornamento dei siti (vedi voce *Feed*).

Attachment: vedi *Allegato*.

Audit: in generale indica la verifica di un'attività. Nell'email marketing è la verifica di una lista di indirizzi per accertarsi che siano corretti, che dispongano di determinate caratteristiche o che siano stati raccolti secondo determinati criteri (ad es. Legge sulla privacy).

Autenticazione: in inglese Authentication. Attività di verifica dell'identità del mittente (vedi *OPT-IN* e *OPT-OUT*).

Autorisponditore: in inglese *Autoresponder*: Programma o funzione di un programma che dà la possibilità di rispondere automaticamente a una mail con un messaggio precedentemente impostato. Esempio di autorisponditore è quello che avvisa dell'assenza del destinatario o del cambio di indirizzo email.

Azione obiettivo: finalità principale del messaggio o della pagina web (ad es.: la richiesta di prenotazione per una email con un'offerta speciale o l'inserimento dell'indirizzo dell'utente per una landing page destinata a raccogliere nuovi iscritti ad una newsletter). È importante individuare l'azione obiettivo di una campagna e rimuovere tutti gli ostacoli al suo perseguimento e tutte le vie di fuga inutili che possono distrarre l'utente nel processo di acquisto.

B2B: vedi *business to business*.

B2C: vedi *business to consumer*.

Backup: operazione che consiste nel fare una o più copie di dati memorizzati sull'hard-disk di un server o di una workstation su supporti di memoria esterni per ragioni di sicurezza (evitare la perdita di dati).

Banda: nell'informatica e nelle telecomunicazioni, il termine indica la quantità di dati che possono essere trasferiti, attraverso una connessione, in un dato periodo di tempo.

Bannato (bandito o escluso): in inglese banned. **1-** Pagine/siti esclusi da uno o più motori di ricerca perché costruite violando una o più linee guida fissate dal motore stesso. **2-** utente escluso da una community per comportamenti contrari ai regolamenti interni.

Banner: in italiano lett. *Striscione*. Elemento, in genere grafico, utilizzato per trasmettere un messaggio pubblicitario in una pagina web. Le dimensioni classiche di un banner sono 468x60 pixel, ma ve ne sono di diversi altri formati (quelli standard sono fissati dallo Interactive Advertising Bureau). I banner di solito invitano il navigatore a cliccare in modo da andare sul sito dell'inserzionista o su una pagina ponte realizzata appositamente.

Bayesan filter: vedi *Filtro bayesano*.

Benchmark: è un valore di riferimento per misurare le prestazioni di un programma o di un componente in rapporto a un determinato standard di base. Nell'ambito dell'email marketing designano una serie di valori di riferimento con cui confrontare le performance di una campagna. Per esempio: numero di aperture, numero di email consegnate, numero di click, ecc.

Bid: in italiano lett. *offerta*. È il prezzo massimo a cui un operatore è disposto a comprare un determinato servizio o bene. Nelle attività di keyword advertising nei motori di ricerca si riferisce al prezzo massimo che si è disposti a pagare per ogni click su ciascuna delle parole chiave incluse nella campagna.

Black hat: i metodi per comparire ai primi posti nelle pagine dei risultati dei motori di ricerca sono divisi in due categorie: white hat e black hat. I primi sono quelli definiti leciti, i secondi invece sono quelli che comprendono azioni illegali o comunque giudicate contrarie alle linee guida dei motori di ricerca. Talora si utilizza anche il termine gray hat o brown hat per indicare le azioni cosiddette borderline. L'uso del black hat può far sì che il sito sia bandito (o bannato).

Blacklist: sono liste di server o mittenti che risultano essere fonte di spam. Le black list pubblicate dai maggiori provider di servizi email vengono utilizzate dai programmi antispam per verificare se si tratta di messaggi UCE (Unsolicited Commercial Email), cioè messaggi commerciali non sollecitati (non autorizzati). Link back al paragrafo: Liste acquistate e liste interne.

Block: in italiano blocco o bloccare. Rifiuto da parte di un ISP o di un mail server di inoltrare una email in quanto proveniente da un mittente o da un server che risultano segnalati come origine di virus o di spam.

Blog: abbreviazione di weblog, termine composto da Web e da Log (giornale di bordo, diario). Sono di solito personali oppure collegati a un tema specifico e si presentano come una serie di articoli, pensieri, commenti, note (post) in ordine cronologico, che possono spesso essere commentati dai lettori.

Bounce: in italiano rimbalzo. Sono quelle email che non arrivano a destinazione, per un problema nella consegna temporaneo (vedi soft bounce), come ad esempio la casella piena, o definitivo (vedi hard bounce), come un indirizzo email insistente.

Bounce rate: rapporto tra il numero delle email non consegnate e il numero di email inviate.

Box di spunta: in inglese *Check box*. Casella di spunta tipicamente inserita nei moduli di contatto dei siti web per confermare una scelta come ad esempio quella di iscriversi alla newsletter o l'autorizzazione al trattamento dei dati personali oppure ancora il consenso all'invio di messaggi promozionali. Link back al paragrafo: Come creare una lista di partenza a costo zero.

Brand: in italiano *marca*: nome o simbolo che distingue un bene o un servizio, o un insieme di beni e servizi prodotti da un'azienda. È spesso l'elemento identificativo per eccellenza dell'impresa che l'ha creato.

Brand awareness: in italiano *consapevolezza della marca*. Sta ad indicare il grado di notorietà di un dato brand presso un gruppo di consumatori e la loro fedeltà verso la marca stessa.

Branding: attività di supporto alla promozione del proprio brand (marca). In questa attività si mira a massimizzare la brand awareness (notorietà del marchio) nel proprio mercato di riferimento. Link back al paragrafo: Definire gli obiettivi.

Brown hat: vedi *Black hat*.

Browser internet: applicazione che permette di navigare su internet sfogliando le pagine dei vari siti (i più noti sono Internet Explorer, Firefox, Chrome e Safari).

Bulk folder: in italiano posta indesiderata. Cartella dove i client di email archiviano automaticamente la posta classificata come spam. Talora si utilizza anche il termine Junk Folder.

Business to business (B2B): Indica i rapporti commerciali tra aziende.

Business to consumer (B2C): indica i rapporti commerciali tra un'azienda e i propri clienti finali.

Caller ID: numero di identificazione o indirizzo di posta elettronica del mittente di una email.

Call to action: parola, frase o elemento grafico (bottone o immagini) che invita il destinatario di un messaggio pubblicitario a svolgere una particolare azione. Per esempio "clicca qui per acquistare…". Link back ai paragrafi: Azione obiettivo, call to action e last chance, Scrivere il messaggio.

Campagna: uno o più azioni di marketing verso un gruppo di destinatari con l'obiettivo di ottenere un particolare risultato. Nell'email marketing le azioni consistono in uno o più invii di messaggi massivi email collegati tra loro.

CAN spam Act of 2003: normativa degli Stati Uniti del 2003 che regolamenta l'invio delle email. Secondo questa direttiva tutti i messaggi devono essere inviati da un indirizzo esistente, avere un oggetto non mistificante, avere un header (testata) consistente e dare al destinatario l'opportunità di esprimere il rifiuto a ricevere altri messaggi da quel mittente.

Caratteri Chiusi: si dice dei tipi di carattere le cui forme esterne si avvicinano maggiormente a quelle della O/o. Link back al paragrafo: Usabilità dell'interfaccia.

Caratteri web safe: si dice che un carattere è web safe quando è installato sulla grande maggioranza dei computer in circolazione (siano essi PC o Apple). Le seguenti famiglie di caratteri lo sono: Arial, Helvetica, Courier, Georgia, Tahoma, Times New Roman e Verdana. Link back al paragrafo: Usabilità dell'interfaccia.

Cascading Style Sheets (CSS): file di testo (cosiddetti fogli di stile) o elementi di codice di una pagina web che consentono di dare una formattazione grafica ad un documento html. Molto utilizzati nei siti web per separare i contenuti dalla formattazione, vengono utilizzati molto meno nell'email marketing perché potrebbero creare problemi di interpretazione (e quindi di formattazione) nei vari client di posta presenti sul mercato.

Catch all: parola usata spesso in collegamento al concetto di alias (casella fittizia), indica l'impostazione tecnica del server di posta di un certo dominio che indirizza tutti i messaggi spediti a caselle insistenti su un'unica casella collettore, l'alias catch all appunto (ovviamente il nome del dominio, cioè la parte dopo la chiocciola, deve essere invece scritto correttamente, altrimenti la casella tornerebbe al mittente).

CGI: vedi *Common Gateway Interface*.

CGM: vedi *Consumer Generated Media*.

Challenge Response: in italiano *sfida risposta*. Messaggio automatico inviato dal server del destinatario di una e mail al fine di identificare il mittente come fonte autorizzata. In questo messaggio ci sono le istruzioni su come autenticarsi. Se il mittente risponde in maniera corretta, il suo indirizzo di email viene inserito nella lista degli indirizzi validi e il messaggio viene recapitato.

Chiamata all'azione: vedi *Call to action*.

Check box: vedi *Box di spunta*.

Churn: percentuale di utenti che in un dato periodo abbandonano una mailing list. È indicativo della fedeltà degli iscritti ad una lista.

Claim: **1**- slogan o frase che esprime in maniera chiara la mission aziendale oppure il messaggio più diretto di una campagna pubblicitaria. **2**- come verbo significa reclamare la proprietà o il controllo su un dominio o su una scheda aziendale in un servizio web. **3**- reclamo.

Cleaning: in italiano *pulire*. Nell'email marketing è l'operazione di aggiornamento e pulizia di un database al fine di eliminare gli indirizzi errati.

Click through: numero di volte in cui un certo oggetto (banner, link, ecc.) viene cliccato.

Click through rate (CTR): Sta ad indicare il rapporto tra click effettuati su un elemento grafico o un link testuale e il numero degli utenti che lo hanno visualizzato. Le visualizzazioni sono definite anche impression o impressioni. Per esempio, se il link (o altro elemento) ha avuto 100 impression ottenendo un solo click su di esso, il CTR sarà dell'1%. Si può perciò definire come la percentuale di click effettuati ogni 100 impressioni realizzate. Nell'email marketing si differenziano di solito anche i "cliccatori unici" (cioè i destinatari che hanno cliccato almeno una volta sul messaggio ricevuto) e i click totali ricevuti. Se un destinatario riceve un messaggio che contiene 5 link, e clicca su tutti, a fronte di un solo cliccatore unico avrò 5 click totali. I cliccatori unici o i clic totali possono essere rapportati al numero dei messaggi inviati, recapitati o aperti dai destinatari. Il tasso di CTR più corretto nell'email marketing dovrebbe essere il rapporto tra i cliccatori unici e le email aperte.

Client email: in generale il termine client indica un software che accede ai servizi o alle risorse di un altro componente (server). Il client email dà la possibilità di scaricare in locale i messaggi ricevuti da una certa casella di posta elettronica (il programma client di posta elettronica più diffuso nel mondo è Outlook di Microsoft). Link back al paragrafo: Come inviare il messaggio.

Cloaking: in inglese *coprire, dissimulare*. Nell'ambito dei motori di ricerca è una tecnica "black hat" che consente al server di mostrare agli "spider" dei motori di ricerca pagine diverse da quelle mostrate agli utenti umani.

Cluster: gruppo di elementi omogenei in un insieme di dati. In email marketing (ma non solo) si usa per raggruppare consumatori che hanno caratteristiche assimilabili in modo da indirizzare loro azioni di marketing dirette specifiche.

CMS: vedi voce *Content Management System*.

Co Branding: azione commerciale che vede la promozione contemporanea di prodotti di più aziende che hanno stretto tra loro un accordo specifico.

Comma Separated Value (CSV): formato di file di testo usato per memorizzare dati in cui ogni singolo valore è separato dal seguente tramite una virgola.

Common Gateway Interface (CGI): Tecnologia che usano i web server per interfacciarsi con applicazioni esterne.

Conferma: in inglese *Confirmation*: Avviene quando un potenziale iscritto a una newsletter o a un servizio deve autenticare (confermare) la propria iscrizione rispondendo a un messaggio inviato alla propria casella di email.

Confirmed Opt-in: vedi voce *Opt-in doppio*.

Consegnate (email): in inglese *delivered email*: è dato dal numero di messaggi inviati meno il numero di email non consegnate o tornate indietro (bounced).

Consenso informato: indica il consenso che un utente manifesta nel momento in cui si iscrive ad esempio ad una newsletter, forum, blog etc. a ricevere news, messaggi, offerte etc.

Consumer Generated Media: termine utilizzato per indicare tutte le fonti di informazioni e i servizi i cui contenuti sono "postati" dagli utenti stessi (ad esempio You Tube, Wikipedia o Trip Advisor).

Content management system (CMS): sistema che consente di gestire e aggiornare i contenuti di un sito Web.

Contenuti dinamici: in inglese *dynamic content*. Nell'email marketing si riferisce soprattutto alla possibilità di creare messaggi il cui contenuto può variare in funzione del destinatario (dalla semplice personalizzazione del campo con il nome del destinatario a intere parti del messaggio o delle offerte proposte).

Conversion rate: vedi voce *Tasso di conversione*.

Conversione: in inglese *conversion*. Si verifica quando il destinatario di una email mette in atto l'"azione obiettivo" identificata per quel messaggio (ad esempio acquista qualcosa o si iscrive a un servizio).

Cookies: in italiano *biscottini*. File di testo che i siti web salvano nella memoria temporanea del browser dell'utente per identificarlo quando ritorna sul sito e utilizzare le preferenze espresse nella visita precedente.

Copywriter: chi scrive i testi per gli annunci pubblicitari.

Co-registration: accordo secondo cui un'azienda al momento della registrazione di un utente prevede anche la registrazione a servizi di terze parti.

Cost Per Action (CPA): costo per azione o per acquisizione. Costo sostenuto per ottenere l'"azione obiettivo" della campagna da parte dell'utente (ad esempio: l'acquisto di un bene, l'iscrizione a un servizio, ecc.).

Cost Per Click (CPC): costo per click. Costo sostenuto per ogni click su link, bottone o banner ottenuto dal destinatario di una campagna.

Cost Per Impression (CPI): costo per visualizzazione. Costo sostenuto per ogni impression, ovvero ogni visualizzazione, di un certo messaggio pubblicitario.

Cost Per Lead (CPL): costo per contatto. Costo sostenuto per ogni contatto nel proprio target di riferimento che inizia poi una trattativa commerciale.

Cost Per Mille (Thousand) (CPM): costo per mille. Costo per mille indirizzi in una lista in affitto. Per esempio, una lista che ha un costo di 50€ CPM costerà 50 euro per ogni 1000 email inviate, ovvero 0,50€ per ogni indirizzo.

Cost per Sale (CPS): costo per vendita. Costo sostenuto per ogni vendita realizzata tramite una iniziativa pubblicitaria.

CPA: vedi voce *Cost Per Action*.

CPC: vedi voce *Cost Per Click*.

CPI: vedi voce *Cost Per Impression*.

CPL: vedi voce *Cost Per Lead*.

CPM: vedi voce *Costo per mille*.

CRM: vedi voce *Customer Relationship Management*.

Cross selling: Metodo di vendita per cui si propongono al cliente prodotti complementari o addizionali a quelli che sta acquistando in quel momento.

Cross campaign profiling: metodo utilizzato per analizzare come un destinatario di una campagna di email marketing si comporta in differenti campagne. È utile per prevederne il comportamento futuro o per poterne identificare il profilo indirettamente e inviargli così messaggi più personalizzati.

Cross-post: l'invio di una stessa campagna di email ad almeno due differenti gruppi di destinatari.

CSS: vedi voce *Cascading Style Sheets*.

CSV: vedi voce *Comma Separated Value*.

CTR: vedi voce *Click Through Rate*.

Customer Relationship Management (CRM): insieme delle attività volte a ottimizzare tutte le fasi di gestione dei clienti. Identifica di solito anche i sistemi software deputati a tenere memoria delle offerte proposte ai clienti e a gestire il rapporto con ciascuno di essi.

Data mining: analisi incrociata di dati al fine di aggregarli in maniera da trarne indicazioni per future campagne. Nell'email marketing si usa per estrapolare probabili comportamenti futuri degli iscritti a una lista, dedotti sulla base del comportamento avuto nelle campagne precedenti.

Database: in italiano *banca dati*, *base di dati* o anche *base dati*. Archivio informatico strutturato in maniera tale da consentire la gestione dei dati stessi (l'inserimento, la ricerca, la cancellazione ed il loro aggiornamento) da parte di applicazioni software.

Database di marketing: archivio delle anagrafiche dei clienti potenziali (prospect) e/o già acquisiti di un'azienda, eventualmente arricchito con eventuali elementi di profilazione.

Data Warehouse: sistemi di memorizzazione di grandi dimensioni che raccolgono e rendono disponibili tutti gli archivi e i data base di lavoro di un'azienda.

DB: vedi voce *Database*.

Dedupling o Deduplication: in italiano *deduplicazione*. Eliminazione dei duplicati in un archivio informatico.

Default: la risposta standard di un sistema informatico in mancanza di modifiche impostate dall'utente.

Deliverability (o Delivery Rate): in italiano *consegnabilità*. Rapporto tra il numero di messaggi spediti dal server di invio e il numero di quelli effettivamente ricevuti dal server di destinazione. NB.: il server di destinazione non è l'utente finale, ma il sistema da cui l'utente finale scaricherà il messaggio. Link back al paragrafo: Come ottimizzare una campagna, Come inviare il messaggio.

DEM: vedi voce *Direct Email Marketing*.

Denial-of-service attack (DOS): attacco organizzato verso un web server o un email server che punta a mandarlo fuori servizio, sovraccaricandolo di richieste o di email.

Direct Email Marketing (DEM): invio di un messaggio personalizzato di tipo pubblicitario ad una lista di utenti inseriti una lista di indirizzi.

Direct marketing (DM): creazione di un contatto diretto tra l'azienda e il singolo cliente attraverso telefono, SMS, posta ordinaria o elettronica o qualsiasi altro meccanismo di contatto diretto. Nel caso venga svolto inviando email viene detto direct email marketing (DEM).

Directory: applicazioni che permettono la ricerca in internet. Si differenziano dai motori di ricerca per il fatto che i siti vengono raggruppati per categoria e questo tipo di selezione è fatta da esseri umani piuttosto che dagli spider.

Disclaimer: dichiarazione avente valore legale (termine frequentemente associato alla informativa/liberatoria privacy). Link back al paragrafo: Intestazione e piè di pagina.

DM: vedi voce *Direct marketing*.

DMOZ: vedi voce *Open Directory Project*.

Domain Name System (DNS): Tutti i computer che compongono internet (detti host) vengono identificati da un numero univoco che serve per contattarli (vedi Numero IP). Per dare la possibilità di usare un nome simbolico più facile da ricordare piuttosto che l'indirizzo numerico sono stati creati dei database nei quali ad ogni nome o dominio corrisponde il relativo numero di IP del server che ospita quello specifico sito web.

Doorway: pagina realizzata appositamente allo scopo di risultare particolarmente appetibile per i motori di ricerca per una o più parole chiave. Tecnica "black hat", utilizzata molto spesso in passato, che reindirizza poi il navigatore al sito vero e proprio.

DOS: vedi *Denial-of-service attack*.

Double Opt-in: vedi *Opt-in doppio*.

DPS: documento programmatico sulla Sicurezza. Il DPS è il manuale per la pianificazione della sicurezza dei dati in azienda secondo la normativa sulla Privacy vigente nel nostro Paese. Vi si devono descrivere in che modo vengono tutelati i dati personali di dipendenti, collaboratori, clienti, utenti, fornitori ecc..

EDI: acronimo di Electronic Data Interchange. Formato standard per definire i modi di scambio di documenti in forma elettronica tra diversi sistemi.

Email client: software utilizzati dagli utenti per scaricare e leggere la posta elettronica sui propri computer (i più diffusi sono: Outlook, Thunderbird, ecc.)

Email harvesting: operazione con la quale un software scandaglia automaticamente pagine internet alla ricerca di indirizzi da utilizzare per operazioni di spam. Tale pratica è illegale tanto negli Stati Uniti quanto in Italia e mette a rischio di incorrere nelle cosiddette "spam traps".

Email Service Provider (ESP): aziende specializzate nell'invio di campagne email per conto di terzi attraverso server appositamente configurati per ottenere tassi di delivery più alti dei server di posta aziendali standard. Questi operatori dovrebbero infatti disporre di mezzi sufficientemente sofisticati e di una relazione di fiducia con i principali Internet Service Provider che dovrebbe ridurre i rimbalzi e i blocchi antispam.

Event triggered email: invio di un messaggio preimpostato scatenato da un evento o allo scadere di una data limite da un evento di origine (ad esempio dalla data di registrazione di un utente a un certo servizio).

Extensible Markup Language (XML): insieme di regole che permette di creare linguaggi personalizzati di definizione di informazioni e documenti elettronici di qualsiasi tipo.

Eye Tracking: tecnica in base alla quale si registrano i movimenti oculari di un utente posto di fronte a uno schermo o a un pannello grafico. I risultati di un'analisi di questo tipo sono in grado di stabilire con esattezza dove guardano gli utenti mentre interagiscono con l'interfaccia propostagli. Link back al paragrafo: Il mittente.

Falsi positivi: nell'email marketing si dice di quei messaggi che sono classificati come spam pur senza esserlo. Più generalmente si parla di falsi positivi quando qualcosa viene erroneamente classificata come facente parte di un insieme di fenomeni di cui in realtà non dovrebbe far parte.

Feed: è un file in formato XML (RSS o Atom) che contiene una serie di dati di aggiornamento di un sorgente (generalmente un sito web). Normalmente presenta il titolo e la descrizione di una fonte di informazioni web, i relativi metadati (autore, titolo, data di pubblicazione, lingua, categoria, ecc.) e il link alla pagina che contiene le informazioni di dettaglio. Viene oggi molto utilizzato per aggiornare gli utenti in modo automatico circa le novità pubblicate da un certo sito o per alimentare aggregatori di notizie.

Feedback: commento o risposta ad una specifica richiesta. In questa opera si fa riferimento soprattutto alle richieste di valutazioni di soddisfazione della clientela successive all'acquisto di un bene o alla fruizione di un servizio.

Filtro Bayesiano: in inglese *Bayesan filter*. Funzionalità di alcuni programmi antispam che, valutando tutti i componenti di un messaggio email (intestazione, mittente, soggetto e testo), calcola la probabilità che si tratti di un messaggio di posta indesiderato.

Filtro Email: applicazione software che ordina, raggruppa o blocca i messaggi di posta elettronica basandosi su dati impostati dall'utente (possono essere ad esempio il mittente, l'intestazione, il contenuto, ecc.). I filtri possono lavorare a livello di client di posta elettronica, di server o di provider di servizi di connessione o email.

Firewall: letteralmente *muro di fuoco*. Sistema di sicurezza che crea una barriera elettronica per la protezione di una rete informatica dall'accesso di utenti non autorizzati attraverso la Rete.

Flash: (sviluppato dalla Macromedia, ora appartiene alla Adobe) è un programma di grafica vettoriale che può conferire effetti di animazione e veicolare filmati su una pagina web. Non può essere utilizzato nelle email e in molti terminali portatili.

Foglio di stile: vedi *Cascading Style Sheets*.

Font: è un insieme di caratteri tipografici accomunati da un certo stile grafico. Include tutte le lettere dell'alfabeto, cifre, simboli, e segni di punteggiatura. Vedi Caratteri chiusi e Caratteri web safe.

Footer: è la parte inferiore (piè di pagina) di un messaggio email in cui si dovrebbero inserire informazioni "fisse" riguardanti la privacy e la rimozione dalla lista, ma si possono trovare anche dettagli sull'azienda mittente, sul copyright e altri dettagli sulle offerte proposte.

Form: vedi *Modulo*.

Forward: in italiano *inoltra*. Spedire ad altri un messaggio originalmente ricevuto ad un altro utente o gruppo di utenti.

From: in italiano *da*. Identifica il mittente di un'email. Di solito riporta il nome e cognome del mittente, ma non è escluso che in messaggi promozionali o nelle newsletter riporti invece esclusivamente il nome dell'azienda o altri marchi a questa riconducibili. Non necessariamente coincide con l'indirizzo email del mittente e con quello riportato nel campo "reply to/rispondi a" a cui si invia materialmente l'eventuale risposta generata cliccando sulla funzione "rispondi".

From name: è quella parte dell'indirizzo di email del mittente mostrato da certi client di posta al posto o insieme all'indirizzo vero e proprio. Es.: Dott. Mario Verdi <m.verdi@qaz.it>. In questo caso è Dott. Mario Verdi.

FTP: Acronimo di File Transfer Protocol. Protocollo di comunicazione molto utilizzato per trasferire i file che compongono un sito web.

Funnel: tipo di grafico ad imbuto che serve per evidenziare in maniera immediata quanti utenti in ingresso in un processo (parte larga dell'imbuto) arrivano poi a compiere l'azione obiettivo finale.

Gappy text: in italiano *testo spaziato*. Indica i tentativi degli spammer di mascherare alcune parole intervallando le lettere con spazi, asterischi o altri caratteri che ne rendano più difficile l'identificazione da parte dei sistemi antispam. Molto usato in passato oggi tende a scomparire per l'affinamento tecnologico dei filtri antispam.

Gif: acronimo di *Graphic Intechange Format*. È un formato per immagini di tipo bitmap assai utilizzato nel web per immagini fisse e per le animazioni. Dà la possibilità di salvare immagini con 256 colori in formato compresso.

Gmail: servizio di email gratuito offerto da Google (insieme a Yahoo, Hotmail, Libero e Alice è tra i più utilizzati in Italia).

Goodbye message: messaggio di ringraziamento inviato automaticamente all'utente nel momento in cui rimuove la sua casella di posta dalla mailing list. Spesso può contenere un link per iscriversi nuovamente nel caso la rimozione sia avvenuta per errore.

Gray hat: vedi *Black hat*.

Grazie: in inglese *serif*. Piccoli fregi alle estremità delle apici delle lettere di un carattere. I principali caratteri web safe senza grazie (sans serif) sono l'Arial, l'Helvetica, il Tahoma e il Verdana. I principali caratteri con le grazie sono: il Georgia e il Times New Roman. In generale i caratteri senza grazie appaiono più leggibili nei testi brevi e su un monitor di computer, mentre i caratteri con le grazie sono più apprezzati nei testi lunghi (libri) e su carta. Link back al paragrafo: Usabilità dell'interfaccia.

Gruppo di discussione: in inglese *discussion group* o *news group*. Gruppo di utenti internet che si scambiano opinioni su un certo argomento adoperando la email o interfacce web appositamente predisposte (Google Groups, Yahoo Groups, ecc.).

Hard bounce: messaggi che non possono essere consegnati per motivi non transitori. Sono identificati da un numero di ID errore che comincia per 5XX. Spesso sono dovuti a errori di digitazione nell'indirizzo, ma non implicano necessariamente che l'indirizzo non sia valido (i fattori che possono provocarlo sono più di 40, tra cui le dimensioni eccessive, comandi STMP non validi o troppi destinatari). Vedi anche voce soft bounce.

Harvesting: vedi email harvesting.

Header: in italiano *intestazione*. **1**- testata che racchiude tutti i dati identificativi della email quali: mittente, server di invio, destinatario e altre informazioni che riguardano il percorso seguito dal messaggio. **2**- Testo introduttivo posizionato prima dell'inizio vero e proprio del messaggio, che racchiude di solito il link a una visualizzazione alternativa o la richiesta di inserimento del mittente nella lista dei mittenti attendibili (white list).

Headline: in italiano *titolo*. È di solito la frase di apertura del messaggio che identifica i suoi contenuti principali e dovrebbe spingere l'utente ad approfondire la lettura.

Hit: in italiano *colpo*. Individua di solito ogni elemento scaricato all'interno di una pagina web o di un messaggio di posta elettronica (immagini, file, ecc.). Non va confuso con il numero di cliccatori e aperture per i messaggi email, e con gli accessi, visite o pagine viste per le pagine web.

Hook: in italiano significa letteralmente *gancio* o *uncino*. Frasi ad effetto o testi riassuntivi che dovrebbero incentivare l'utente all'acquisto o alla lettura approfondita del messaggio.

Host: computer che accede a Internet e che gestisce dati e programmi a cui accedono altri computer collegati in rete.

House organ: pubblicazione periodica di un'azienda destinata ai propri clienti o dipendenti.

Html: acronimo di Hyper Text Mark-Up Language. Linguaggio di programmazione usato per creare pagine web o messaggi di posta elettronica. Ormai giunto alla versione 5 (di prossima implementazione), i suoi standard sono definiti dal consorzio w3c.org, in cui sono rappresentati tutti i principali produttori e le community più attive di sviluppatori web. L'impatto visivo delle email in html è molto maggiore di quelle in solo testo, ma le prime possono non essere correttamente visualizzate da utenti con client di posta con il download delle immagini disabilitato o con terminali portatili che non supportano funzionalità di browsing complete.

http: acronimo di Hyper Text Transfer Protocol. Letteralmente significa *protocollo di trasferimento di un ipertesto* (cioè di un testo scritto per il web), è il principale sistema per la trasmissione di informazioni su Internet.

https: sintatticamente identico al linguaggio http, prevedere un protocollo di crittografia e autenticazione che lo rende illeggibile a chiunque tranne che al server e al browser che sono in quel momento in comunicazione tra loro (viene utilizzato soprattutto per le transazioni di pagamento).

Keyword Advertising: attività di sponsorizzazione di parole chiave nei motori di ricerca. Per ogni ricerca specificamente indicata appaiono al navigatore degli annunci promozionali mirati impostati dall'inserzionista. Si tratta di uno dei metodi principali usati normalmente per incrementare le liste di indirizzi interne.

IAB: vedi *Internet Advertising Bureau.*

Impression: in italiano *visualizzazioni.* Numero di volte che un certo elemento web (banner, annuncio testuale, ecc.) viene visualizzato nel browser di un utente. È uno dei parametri utilizzati per acquistare spazi promozionali online (in questo caso si fa di solito riferimento al costo per mille impression, CPM). Vedi anche Coste Per Impression e Cost Per Mille.

Indirizzo IP: identificatore numerico univoco associato a ogni dispositivo connesso a Internet. A seconda del tipo di connessione e del provider può essere dinamico (variare cioè ogni volta che il dispositivo si riconnette) o statico (rimanere sempre lo stesso). È formato da una stringa numerica costituita da quattro serie di numeri, ognuno dei quali può variare da 0 a 255. Questo è il parametro principale che viene usato per determinare l'area da cui si sta collegando l'utente.

Informativa Privacy: è un testo informativo in cui devono essere inserite una serie di dati obbligatori di cui l'utente deve essere messo a conoscenza prima di poter autorizzare il trattamento dei propri dati personali e concedere la liberatoria all'invio di messaggi promozionali. Vedi al riguardo l'Appendice II.

Infrastruttura di invio: Insieme degli apparati hardware (client e server SMTP di invio) e software (mailer e software di gestione del server) che, opportunamente configurati, permettono l'invio di email.

Inoltra: in inglese *forward*. **1-** operazione di invio di un messaggio ricevuto da altri. **2-** opzione che si trova nel pannello di gestione di qualsiasi client email e consente di trasferire automaticamente i messaggi in arrivo su una casella verso un altro indirizzo.

Internet Advertising Bureau (IAB): organismo internazionale che opera al fine di standardizzare, diffondere e regolamentare la pubblicità online. Esiste anche uno IAB Italia raggiungibile all'indirizzo www.iab.it.

Internet Service Provider (ISP): azienda che offre accesso a internet e servizi correlati.

Interruption Marketing: tecnica promozionale che consiste nel catturare l'attenzione degli utenti mentre stanno portando a termine un'altra operazione sul web (come ad esempio: i banner che si aprono con una finestra pop up).

Invia a un amico: meccanismo che mira a incoraggiare la diffusione "virale" dei contenuti di un messaggio o di una newsletter. Spesso si tratta di un semplice link o di un bottone grafico mediante il quale il destinatario può girare direttamente online il messaggio ricevuto senza rischiare che il proprio client di posta ne rovini la formattazione.

IP: vedi *Indirizzo IP*.

IP Condivisi: numeri identificativi di server condivisi tra più siti o utenti che accedono a servizi e applicativi diversi. Tutti i servizi di hosting e mail server a basso costo utilizzano questa opzione. Link back al paragrafo: I filtri antispam.

Iscrivi un amico: in inglese *Tell a friend Opt-in*. Modalità di iscrizione a una newsletter che permette di suggerire l'indirizzo di un amico al gestore della newsletter. In Italia questo meccanismo di diffusione è utilizzabile solo se l'iscrizione è poi confermata dal destinatario finale.

Iscrizione: in inglese *subscribe*. Processo mediante il quale l'utente si iscrive ad una mailing list. Vedi *Opt-in* e *Opt-out*.

ISP: vedi *Internet service provider*.

Java: linguaggio di programmazione orientato agli oggetti, derivato dal C++.

Java script: linguaggio di scripting simile a Java ed eseguito normalmente dal browser o dal client di posta del navigatore. Nei messaggi email non è consigliabile inserire java script, perché in molti casi i client di posta li disattivano automaticamente.

Junk folder: indica la cartella in cui i client di email archiviano automaticamente la posta classificata come spam.

Keyword advertising: forma di pubblicità online in cui si acquistano spazi pubblicitari mostrati nei motori di ricerca o in siti a questi collegati nel momento in cui si cercano parole chiave definite dall'inserzionista o si visitano siti a queste tematicamente collegate. Link back ai paragrafi: <u>Incrementare il data base di marketing</u> e <u>La visibilità online</u>.

Landing page: in italiano *pagine di atterraggio*. Pagine appositamente predisposte per aprirsi a seguito di un link posto in una email o in un messaggio pubblicitario. Sono strutturate per spingere il navigatore a compiere una determinata azione, che può essere un acquisto, o la registrazione a un servizio (vedi pagine acchiappa indirizzi).

Last chance: in italiano *ultima possibilità*. Sta ad indicare un elemento o gruppi di elementi (link, immagini, firma, menù di servizio nel piè di pagina, ecc.), solitamente posti nella parte finale del messaggio, che offrono all'utente un'ultima alternativa alla chiusura del messaggio stesso. Non sempre è opportuno farne uso perché può creare delle vie d'uscita indesiderate rispetto all'azione obiettivo del messaggio o della pagina web.

Layout: impostazione grafica degli elementi (testi e immagini) che compongono una pagina web o un messaggio di posta elettronica.

Lead: contatto con un utente che manifesta interesse nella chiusura di un acquisto.

Liberatoria Privacy: è l'autorizzazione concessa da un utente all'invio di newsletter e altro materiale promozionale. La richiesta di iscrizione e il consenso sono dichiarati in generale compilando un form grazie al quale si manifesta la propria volontà tramite un'apposita spunta (o check box). Insieme alla presa visione della informativa privacy è il requisito essenziale per poter fare email marketing in Italia.

Link popularity: termine usato per indicare il numero e la qualità dei link in entrata in un certa pagina. È uno dei parametri utilizzati dai motori di ricerca per capire quanto sono rilevanti all'interno della rete alcune pagine e interi siti. Link back al paragrafo: La visibilità online.

List fatigue: in italiano *lista affaticata*. Condizione di scarso riscontro alle attività di marketing su un certo gruppo di utenti dovuto all'invio di troppi messaggi ravvicinati nel tempo.

Lista interna: lista di indirizzi email creata sulla base dei contatti raccolti dalla stessa azienda mittente (data base di marketing). Si può impiegare per fidelizzare o rafforzare il rapporto con i propri clienti e per fare attività di email marketing su clienti potenziali. Le liste create "in casa" hanno in genere tassi di risposta molto più alti di quelle acquistate all'esterno perché si rivolgono solo ad utenti che già conoscono il mittente.

Local Business Center (Google Maps): Piattaforma di gestione delle schede geolocalizzate delle attività economiche nelle mappe di Google. Attraverso queste schede gli utenti possono inserire commenti e verificare le principali informazioni relative a un'azienda. Per prendere il controllo della scheda basta cercare il nome dell'azienda e la città della sede nelle mappe e, dopo aver aperto la scheda cliccare sul link "Sei il proprietario?" (è necessario fare un passaggio di verifica telefonica/postale ed avere un account Google). Link back al paragrafo: La gestione della reputazione online e il web 2.0.

Log file: archivi in cui sono registrate tutte o parte delle operazioni eseguite dai web server. Sono la base per controllarne i malfunzionamenti, scoprire eventuali attacchi e produrre le statistiche di utilizzo e di accesso. Durante la configurazione del web server è possibile scegliere quali informazioni salvare e quanto devono essere approfondite (pagine lette, tipo di richiesta, provenienza della richiesta, orario, elementi scaricati ecc.)

Mailer: Sistema professionale di invio di messaggi a liste di utenti anche molto corpose. Ce ne sono moltissimi in commercio, con caratteristiche diverse, tuttavia sono accomunati tutti dall'invio di messaggi dinamici (con campi personalizzabili per ogni ricevente nel mittente, destinatario, oggetto e corpo del testo), da statistiche dettagliate (messaggi inviati, ricevuti, aperti, link cliccati e individuazione utenti attivi) e da server appositamente predisposti (con alti tassi di delivery). Link back ai paragrafi: Il formato del messaggio, Il destinatario, La verifica del messaggio, Come inviare il messaggio.

Mail Server: un mail server è un programma, e per estensione il computer su cui viene eseguito, il quale si occupa dell'invio da un computer ad un altro della posta elettronica.

Mail Service Provider (MSP): azienda che propone la sottoscrizione di caselle email gratuitamente o a pagamento (es. Google, Libero, Hotmail, Yahoo, ecc.).

Mail Transfer Agent (MTA): server con il compito di inviare le email dal mittente al destinatario e memorizzare le email in ingresso.

Mail User Agent (MUA): indica su quale client email vengono aperti i messaggi.

Mailing list: lista di indirizzi di utenti iscritti a un certo servizio.

Marketing virale: è un tipo di marketing che sfrutta l'equivalente del passaparola online per far arrivare un messaggio (di solito solo indirettamente pubblicitario) a un numero esponenziale di utenti finali.

Markup Language: linguaggio di programmazione utilizzato per definire il layout e lo stile di un documento (tipo di caratteri da utilizzare, dimensioni, paragrafi, posizionamento delle immagini, interlinea, impaginazione, ecc.). Vedi voce *HTML*.

Messaggi transazionali: vedi voce *Transazionali (messaggi)*.

Microblogging: sistema di pubblicazione di contenuti testuali che permette di pubblicare solo testi di breve lunghezza (di solito meno di 140 caratteri per messaggio). Il portale più famoso che utilizza questa metodologia è Twitter.

Modulo: è un interfaccia che permette la compilazione di campi e l'invio delle informazioni online. I dati possono essere registrati sul web server e/o inviati a un particolare indirizzo email.

MSP: vedi voce *Mail Service Provider*.

MTA: vedi voce *Mail Transfer Agent*.

MUA: vedi voce *Mail User Agent*.

Multi-part: formato di messaggio utilizzato da molti mailer professionali e da alcuni client di posta che include sia una versione solo testo che quella in HTML. Il messaggio viene poi aperto in base alle preferenze impostate sul client di posta del destinatario.

News Aggregator: vedi voce *Aggregatore di notizie.*

News Group: vedi voce *Gruppo di discussione.*

Newsletter: serie di messaggi email inviati periodicamente ad un gruppo di iscritti con informazioni rilevanti su un determinato argomento. Normalmente il formato è identico a ogni invio, in modo da favorire il riconoscimento del brand da parte dei destinatari. Il contenuto invece può essere editoriale (news o articoli di settore) o costituito da uno o più messaggi commerciali.

ODBC: Acronimo di *Open Database Connectivity.* Standard per l'accesso ai database relazionali che supportano il linguaggio di interrogazione SQL.

ODP: vedi voce *Open Directory Project*.

Offering Test: invio di uno o più messaggi contenenti offerte alternative o complementari al fine di valutare quale tra quelle proposte ottiene i migliori risultati in termini di click da parte degli utenti. Link back al paragrafo: Come ottimizzare una campagna.

Off line: termine con il quale si indica tutto ciò che non è connesso in rete.

Oggetto: in inglese *Subject line*. Testo introduttivo che identifica i contenuti di un messaggio. Insieme al campo From/Da è quello che il destinatario vede prima di aprire l'email.

One-to-one marketing: tecnica in cui le comunicazioni sono appositamente studiate per sembrare specificamente dirette ad ogni singolo utente. Necessitano ovviamente di dati di profilazione dettagliati e dell'integrazione nel messaggio di campi dinamici all'interno delle varie aree di testo della email (oggetto, offerte in primo piano, corpo del messaggio, mittente, ecc.)

Open Directory Project (ODP): directory multilingue sviluppata da redattori volontari non retribuiti (http//dmoz.org). Si tratta in sostanza di un indice organizzato di siti per argomenti e per paesi. Quando si segnala un sito a Dmoz si suggerisce anche la categoria in cui inserirlo per poi attendere che l'editor della categoria lo recensisca e lo pubblichi.

Open rate: rapporto tra il numero di email aperte e quelle inviate o effettivamente ricevute da una certa lista. Soprattutto se calcolato sul numero di messaggi effettivamente ricevuti è un buon indice della performance di una campagna di email marketing anche se considera solo le aperture dei messaggi in formato html se il download delle immagini è attivo e non permette di distinguere le letture effettive dalle semplici anteprime automatiche dei messaggi.

Open relay: server SMTP che consente l'invio di posta elettronica anche ad utenti che non sono identificati. Ormai rarissimi, erano sfruttati in passato dagli spammer di tutto il mondo.

Open Source: indica un software il cui codice sorgente è lasciato alla libera disponibilità di una community di sviluppatori che ne realizzano le varie implementazioni.

Opt-in (o opt-in singolo): contrazione di Option in. Procedura di iscrizione a una mailing list che si basa unicamente sull'inserimento del proprio indirizzo email in un modulo online o off line. Realizzato questo passaggio l'utente è automaticamente iscritto, senza che siano necessari ulteriori step autorizzativi.

Opt-in con conferma: Sistema di iscrizione a una mailing list che dopo la comunicazione del proprio indirizzo email richiede anche la risposta a un messaggio di conferma al fine di perfezionare l'inserimento nella lista.

Opt-in doppio (double opt-in): sistema di iscrizione a una mailing list che prevede che, una volta comunicato il proprio indirizzo email, l'utente riceva dal server un messaggio in cui per perfezionare l'iscrizione dovrà cliccare su un apposito link di conferma.

Opt-out : **1**- cancellazione del proprio indirizzo email da una mailing list, **2**- inserimento di indirizzi in una mailing list senza alcun consenso preliminare da parte dell'utente, che ha poi la possibilità di rimuoversi dalla lista solo dopo il primo invio (non è consentita in Italia).

Ottimizzazione: **1**- perfezionamento tecnico mirato al miglioramento delle prestazioni di un certo applicativo o di un file multimediale. **2**- vedi voce Search Engine Optimization.

Outlook: Client email di *Microsoft*.

Owned List: vedi voce *Lista interna*.

Page view: il numero di volte che una pagina web viene visualizzata in un browser.

PageRank: algoritmo utilizzato dai motori di ricerca per attribuire un valore di autorevolezza a una certa pagina web. Viene riassunto in un valore numerico visualizzabile tramite le opzioni avanzate della Google Toolbar che può variare tra 0 (scarsa autorevolezza) e 10 (massima autorevolezza). Il valore cresce all'aumentare del numero, dell'importanza e della vicinanza tematica delle pagine che linkano la nostra pagina. Link back al paragrafo: La visibilità online.

Pagine di atterraggio: vedi voce *Landing Pages*.

Pagine acchiappa-indirizzi: in inglese *squeeze page*. Tipi di landing pages appositamente strutturate per incrementare il database di marketing di un'azienda con indirizzi di utenti che sono incoraggiati a registrarsi per accedere a un gadget, un omaggio, un report, una guida o a qualcos'altro di utile per loro (fornito normalmente in via gratuita).

Parole chiave negative: termine usato nelle campagne di keyword advertising per identificare le parole che, se presenti nella query ricercata dall'utente, devono impedire la visualizzazione dell'annuncio. Link back al paragrafo: La visibilità online.

Pay per click (PPC): vedi voce *Keyword advertising*.

Pay per include (PPI): termine utilizzato nel campo SEO per indicare la possibilità di pagare un motore di ricerca per sollecitare la visita dei suoi spider e dunque farsi indicizzare.

Pay per lead (PPL): modalità di pagamento di campagne pubblicitarie in cui l'inserzionista paga un costo unitario per ogni registrazione o contatto diretto con un navigatore potenzialmente interessato al prodotto/servizio commercializzato dall'azienda.

Pay per sale (PPS): modalità di pagamento di campagne pubblicitarie in cui l'inserzionista paga un costo prefissato o una commissione percentuale sul valore delle vendite generate da una certa campagna o da un certo sito. Vedi voce *Affiliazione*.

Pay per view (PPV): modalità di pagamento di campagne pubblicitarie in cui l'inserzionista paga un costo prefissato per ogni esposizione del proprio banner o messaggio pubblicitario.

PDF: sviluppato dalla Adobe, è il formato di visualizzazione di documenti elettronici più diffuso nel mondo. È indipendente dal sistema operativo installato sul computer e può essere visualizzato grazie ad un programma reader gratuito (Acrobat Reader).

Peer to peer: rete di computer formata da client e server variabili, o nodi equivalenti (peer), che svolgono contemporaneamente la funzione di client e server per gli altri nodi della rete. Architettura molto comune nei servizi di file sharing che permettono il libero scambio di file tra computer connessi in rete.

Permission Marketing: tecnica di marketing con cui si richiede in anticipo ai consumatori il permesso di poter inviare loro informazioni sui prodotti e servizi.

PGP: vedi voce *Pretty Good Privacy*.

Phishing: è una forma molto diffusa di truffa online che viene attuata da malintenzionati che inviano messaggi simili a quelli di banche o servizi molto diffusi in rete, inducendo in tal modo gli utenti a inserire i loro dati di login in siti in tutto e per tutto simili a quelli originali. Una volta impossessatisi degli username, delle password e dei numeri delle carte di credito degli utenti sottraggono loro quanto più denaro gli è possibile.

Plain Text: vedi voce *Testo piano*.

Pop-Up: finestra con un messaggio pubblicitario che appare automaticamente durante la visualizzazione di un sito. Molto utilizzata in passato, è considerata molto fastidiosa e intrusiva ed è quindi stata molto scoraggiata da blocchi automatici inseriti ormai di default in quasi tutti i browser.

Post: singola news, articolo o messaggio che alimenta i blog o i gruppi di discussione.

PPC: vedi voce *Pay per click*.

PPI: vedi voce *Pay per include*.

PPL: vedi voce *Pay per lead*.

PPS: vedi voce *Pay per sale*.

PPV: vedi voce *Pay per view*.

Precision email marketing: attività di marketing via email che si basa sulla individuazione degli interessi degli iscritti a una certa mailing list e sulla composizione di messaggi personalizzati realizzati in base agli interessi evidenziati da ciascun utente.

Prefisso Email: è la parte a sinistra del simbolo chiocciola (@) in un indirizzo email. Contiene in genere il nome o la funzione del mittente/destinatario.

Pretty Good Privacy (PGP): software che consente di crittografare i messaggi email in modo che siano leggibili in chiaro solo al mittente e al destinatario.

Preview: vedi voce *Anteprima*.

Privacy: indica il diritto di ogni soggetto (persona fisica o giuridica) alla tutela della riservatezza dei propri dati. La normativa di riferimento in Italia è costituita dal Testo Unico approvato con Decreto Legislativo nr. 196 del 30 giugno 2003 e dalle sue successive integrazioni.

Privacy policy: insieme delle regole che un'azienda si dà per il trattamento dei dati personali degli utenti con cui viene in contatto.

Profilazione: raccolta di dati idonei a raggruppare in gruppi omogenei gli utenti inseriti di una certa lista. Viene di solito eseguita sulla base di parametri anagrafici, geografici, economici, psicologici, sociali o comportamentali.

Prospect: potenziale cliente o persona interessata a un prodotto o ad un servizio.

Ranking: nel campo SEO indica la posizione nella quale viene mostrato un certo risultato in una ricerca effettuata in un motore online.

RBL (o DNSBL): acronimo di *Real-time Blackhole List* o *DNS-based Blackhole List*, è un mezzo tramite il quale gli Email

Service Provider mettono a disposizione le liste degli indirizzi IP legati in qualche modo ad attività di spamming o presunte tali. La maggior parte dei mail server possono essere configurati per rifiutare o contrassegnare messaggi inviati da host presenti in una o più liste.

Reach: percentuale di copertura, cioè numero dei destinatari di un determinato messaggio che sono stati raggiunti rispetto al totale degli utenti potenzialmente raggiungibili.

Readability: grado di leggibilità di un messaggio pubblicato sul web o inviato via email. Molti fattori rientrano nella leggibilità: dal contenuto informativo vero e proprio alla sua rappresentazione grafica quale impaginazione, formattazione e grado di interpretabilità dei vari sistemi di visualizzazione (browser internet e client di posta).

Really Simple Syndacation: vedi voce *Feed RSS*.

Record: insieme di dati che compongono una registrazione in un database facente capo a un riferimento unico (ad esempio: un utente, un evento registrato, ecc).

Redemption: rapporto tra il numero di azioni ottenute (click, iscrizioni, vendite, ecc.) e il numero totale dei messaggi inviati, ricevuti o aperti dagli utenti.

Resend: in italiano *reinvio*. Tecnica che consiste nell'inviare nuovamente un messaggio ai soli utenti che risulta non l'abbiano letto. Normalmente il messaggio viene modificato nel mittente e nell'oggetto per incrementarne i tassi di apertura. L'invio può essere ripetuto anche più volte, ma bisogna ricordare che le statistiche di lettura non possono essere precise nell'identificare gli utenti che aprono realmente i messaggi, quindi non bisogna eccedere se non si vuole sconfinare nello spamming. Link back al paragrafo: Il mittente.

Rete di contenuti: identifica la rete di partner del circuito di keyword advertising di Google (Adwords). Si tratta di siti che concedono in gestione a Google spazi pubblicitari all'interno delle proprie pagine.

Rete di ricerca: termine che identifica i partner che concedono spazi pubblicitari a Google all'interno delle proprie funzionalità di ricerca. Si tratta quindi di annunci mirati che appaiono, come succede in Google, non appena vengono ricercate determinate parole selezionate dall'inserzionista. Link Back al paragrafo: La visibilità online.

Reverse DNS: è il processo attraverso cui da un indirizzo IP si risale al corrispondente nome di dominio. È spesso utilizzato dai filtri antispam per individuare gli spammer (che, per non essere localizzati, usano molte volte indirizzi IP non validi).

Rich Media: la parte di un messaggio che include video, animazioni e suoni. I messaggi di email che contengono rich media hanno in genere migliori tassi di conversione nonostante necessitino di più banda e possano essere letti con maggiore difficoltà rispetto alle email in html o in formato testo.

Rich Site Summary: vedi voce *Feed RSS*.

Rimbalzo: vedi voce *Bounce*.

Rispondi a: in inglese *Reply-to*. **1** – L'indirizzo email cui viene inviato un messaggio dall'utente che utilizza la funzione "rispondi" del client di posta (che può essere diverso da quello che compare nel campo From/da). **2** – Funzione del client di posta usata per rispondere a un messaggio ricevuto.

Robot: programmi che scansionano in continuazione la Rete per indicizzare i contenuti dei siti seguendone automaticamente tutti i link. Ogni motore di ricerca ha un proprio robot detto anche spider o ragno.

Robot.txt: file di testo salvato nella directory principale di un sito web che fornisce ai motori di ricerca le indicazioni su quali parti del sito indicizzare e quali non considerare.

ROI (return on investments): parametro fondamentale per misurare l'efficacia di un'azione di marketing, è dato dal rapporto tra i ricavi ottenuti da una certa attività promozionale ed i suoi costi.

RSS: acronimo di *Rich Site Summary* o *Really Simple Syndacation* o *RDF Site Summary*. Vedi voce Feed RSS.

Search Engine Marketing (SEM): insieme delle attività mirate all'incremento della visibilità di un sito nei motori di ricerca attraverso i risultati naturali o il keyword advertising.

Search Engine Optimization (SEO): attività mirata a migliorare la visibilità di un sito nei motori di ricerca per poter comparire ai primi posti nelle ricerche relative a parole collegate al proprio settore di business. Si basa su attività svolte direttamente sul sito (ottimizzazione delle pagine) e all'esterno del sito stesso (incremento e qualificazione dei link in entrata). Link back ai paragrafi: Incrementare il data base di marketing, La visibilità online.

Seed email: indirizzo di email di controllo nascosto all'interno di una lista per monitorare l'uso che ne viene fatto. Qualche volta vengono nascosti anche all'interno di un sito per scoprire se vi sono attività di raccolta automatica di indrizzi da parte di spammer.

Segnalibro: vedi voce *Ancora*.

SEM: vedi voce *Search Engine Marketing*.

Sender ID: tecnica antispam che combina due protocolli: SPF (Sender policy Framework) e Caller ID. Questa tecnica mira ad autenticare il mittente di una email e, nel caso si tratti di un indirizzo contraffatto o non verificabile, a bloccare l'email.

Sender Policy Framework (SPF): protocollo usato per eliminare le email provenienti da indirizzi contraffatti. È un'evoluzione del protocollo SMTP che offre un miglior controllo dell'identità del mittente.

Sent emails: è il numero di email inviate in una campagna di email marketing. In genere non corrisponde al numero di email che arrivano effettivamente a destinazione (delivered/consegnate).

La differenza si deve principalmente a indirizzi errati, caselle piene, filtri anti spam o server temporaneamente non disponibili.

SEO: vedi voce *Search Engine Optimization*.

Server: computer che fornisce servizi su una rete.

Simple Mail Transfer Protocol (SMTP): protocollo di comunicazione utilizzato dai mail server di tutto il mondo per inviare email.

Simple Object Access Protocol (SOAP): protocollo per lo scambio di informazioni in ambienti distribuiti. È il modo in cui un web server può chiamare una procedura di un altro web server (Web Service) e ottenere in risposta un messaggio interpretabile via software in formato XML. Viene usato per costruire pagine web che possono elaborare informazioni dinamiche e quindi inviarle a un altro sito che ne ha fatto richiesta.

Single opt-in: vedi voce *opt-in*.

SMTP: vedi voce *Simple Mail Transfer Protocol*.

SOAP: vedi voce *Simple Object Access Protocol*.

Social bookmarking: indicazione pubblica di una lista di link preferiti attraverso servizi dedicati (che a volte consentono anche di esprimere valutazioni sui siti inseriti nei bookmark). In Italia al momento in cui scriviamo i più diffusi sono Segnalo di Virgilio e Delicio.us. A livello internazionale i più utilizzati sono: Delicio.us, Technorati, Stumbleupon. Link back ai paragrafi: Incoraggiare la condivisione di contenuti, La visibilità online.

Social media: forma di comunicazione partecipativa in cui i lettori stessi creano i contenuti del media condividendo le proprie immagini, esperienze, video, ecc.

Social network: siti che consentono agli iscritti di rimanere in contatto con la propria rete di contatti attraverso varie metodologie quali il microblogging (Twitter), profili utenti in cui pubblicare novità, immagini, video e link a chat (Facebook). In Italia il più utilizzato al momento in cui scriviamo è sicuramente

Facebook, ma si stanno rapidamente diffondendo altri network come il già citato Twitter, Google Buzz, Linkedin, ecc. A livello internazionale i più diffusi sono Classmates, Friendster, Linkedin, Habbo, Hi5, Myspace, Orkut, Qzone, Tagged, Twitter, ecc. .Link back ai paragrafi: Le Newsletter, Incrementare il data base di marketing, La firma, Incoraggiare la condivisione di contenuti, La visibilità online.

Social news (portali di): siti che permettono agli utenti iscritti di segnalare e votare le notizie che gli iscritti ritengono più interessanti. Le notizie più votate/commentate costituiscono il nucleo centrale della comunicazione del portale. In Italia al momento in cui scriviamo i più diffusi sono: Diggita, Wikio, Oknotizie, Badzu, ecc. A livello internazionale ci sono: Digg, Squidoo, ecc. Link Back ai paragrafi: Incrementare il database di marketing, L'oggetto, Incoraggiare la condivisione di contenuti, La visibilità online.

Social referencing (portali di): portali o sistemi in cui i lettori esprimono giudizi e valutazioni su strutture ricettive o aziende con cui sono entrati in contatto o da cui hanno acquistato beni e servizi. In Italia al momento in cui scriviamo sono abbastanza noti (anche se non ancora molto utilizzati) Ciao.it, Qype e Iakkè. A livello internazionale troviamo Yelp, Qype, Iakkè, ecc. Link back ai paragrafi: Incoraggiare la condivisione di contenuti, La gestione della reputazione e il web 2.0.

Soft bounce: email che non possono essere recapitate per motivi transitori (individuate da un codice di errore 4XX). Tra essi citiamo: casella di posta piena, filtri anti spam, mail server momentaneamente fuori servizio. Vedi anche la voce *Hard Bounce*. Link back al paragrafo: La periodicità, il giorno e l'ora di invio.

Sopra la piega: la parte di una pagina web o di una email visibile senza il bisogno di usare le barre di scorrimento. Ovviamente dipende dal software adoperato, dalla grandezza della finestra visualizzata dall'utente, dalla risoluzione del monitor e dal tipo di si positivo utilizzato. È molto difficile quindi identificare una grandezza standard, ma in generale si può essere abbastanza sicuri che la grande maggioranza degli utenti vedranno uno spazio di circa 600x300px pressoché in tutti i sistemi che lavorano su risoluzione 1024x768 o superiori (cioè più dell'80% dell'utenza italiana). La parte "above the fold" di un messaggio è quella vista per prima dall'utente e che lo convince a continuare nella lettura, perciò è molto importante. Link back ai paragrafi: Scrivere il messaggio, Usabilità dell'interfaccia, La grafica, Uso delle immagini.

Spam: termine col quale si indicano le email commerciali non richieste. L'origine del termine si lega ad un tipo di carne in scatola (SPiced hAM) della Hormel Foods, inventata in uno sketch di un gruppo umoristico inglese (i Monty Pyhton). In questa scenetta c'è una coppia che entra in un bar e chiede alla cameriera il menù. Nell'elenco dei cibi è presente sempre "spam": "uova e spam", "uova pancetta e spam", "uova, pancetta, salsiccia e spam", "spam uova spam spam pancetta e spam" e così via, sempre più insistentemente.

Spam Check: Sistema attraverso il quale i sistemi di invio professionali identificano eventuali problematiche di ricezione legate ai più comuni filtri antispam. Link back al paragrafo: Ottimizzare una campagna.

Spam Trap: indirizzo di email pubblicato intenzionalmente su un sito e in genere non visibile agli utenti, che viene utilizzato come "specchietto per le allodole" per i programmi degli spammer che scandagliano la rete per trovare indirizzi di email a cui inviare comunicazioni pubblicitarie non richieste. Tale indirizzo viene controllato costantemente per individuare chi fa spam. Link back al paragrafo: Liste acquistate e liste interne.

Spammer: chi invia comunicazioni commerciali senza aver avuto esplicita autorizzazione a farlo.

SPF: vedi voce *Sender Policy Framework*.

Spider: vedi voce *Robot*.

Spoofing: è la tecnica con la quale un malintenzionato cambia il proprio indirizzo IP o il mittente di una email in modo da indurre a pensare che appartenga ad un altro dominio.

Split test: vedi voce *A/B Test*.

Squeeze page: vedi voce *Pagine acchiappa-indirizzi*.

Subscribe: vedi voce *Iscrizione*.

Syndacation: esportazione di contenuti o flussi informativi di un sito verso altri siti o verso dispositivi diversi (telefonini, palmari) o sotto forme diverse rispetto all'impaginazione originaria.

Tag: elementi della sintassi del linguaggio html, adoperati per strutturare un documento Web, marcano l'inizio e la fine di un titolo, di una frase in grassetto, di un link, di un blocco testo, ecc.

Target: in italiano letteralmente *bersaglio*. È il gruppo di consumatori o il segmento di mercato accomunato dal medesimo interesse potenziale per l'acquisto dei prodotti o dei servizi di un'azienda e quindi verso il quale l'impresa decide di rivolgere di volta in volta la propria azione commerciale. Link back al paragrafo: A/B Testing (Split test) o test multivariabile.

Tasso di apertura: vedi voce Open rate.

Tasso di conversione: in inglese *conversion rate*. **1-** Per siti web il Conversion Rate (tasso di conversione) corrisponde al numero di visitatori che compiono una certa azione diviso per il numero di visitatori totali in un determinato arco di tempo. **2-** Nell'email marketing il Conversion Rate è il numero di destinatari che compiono l'azione obiettivo di un messaggio diviso per il numero totale di destinatari che lo hanno ricevuto. Per conversione si possono intendere: l'iscrizione a un servizio, l'acquisto di un prodotto/servizio, una richiesta di offerta, ecc.

Teaser: in italiano letteralmente significa *stuzzicante*. Messaggio o breve frase che ha il fine di incuriosire il consumatore e attirarne l'attenzione senza rivelare completamente ciò che sottende.

Tell a friend opt-in: vedi voce *Iscrivi un amico*.

Testo piano: in inglese *Plain Text*. Formato di invio di una email in cui si ha soltanto testo senza formattazione e senza immagini proprie invece del formato html.

Text newsletter: newsletter in cui il messaggio è scritto in solo testo piano.

Thread: in italiano letteralmente *trama, filo*. Nei newsgroup o nei forum indica una discussione sviluppata a partire da un argomento iniziale (Topic) proposto da uno dei membri.

Throttling: modalità di invio di messaggi da parte di un mail server in cui viene limitato il numero massimo di messaggi inviati per unità di tempo. Il throttling viene usato sia per non sovraccaricare il server di invio, che per limitare il numero di email che potrebbero giungere a un server destinatario con indirizzi imprecisi, onde evitare eventuali blocchi antispam.

Thrust Rank: Algoritmo che misura l'autorevolezza di un dominio agli occhi dei motori di ricerca. Vedi anche la voce *Page rank*.

Thunderbird: software client di posta elettronica molto diffuso (fa parte della suite open source di Mozilla - Firefox).

Tracking: tracciatura, elaborazione e valutazione dei dati statistici che risultano da una campagna promozionale online.

Transazionali (messaggi): in inglese *transactional email*. Sono tutti i messaggi generati in automatico dal sito a seguito di alcune operazioni effettuate dagli utenti. Link back al paragrafo: <u>Esempi di email corrette</u>.

Triggered email: vedi voce *Event triggered Email.*

Txt: testo che contiene soltanto i caratteri ASCII, senza alcuna formattazione.

UCE: vedi voce *Unsolicited Commercial Email.*

Uniform resource locator: vedi voce *Universal Resource Locator.*

Unique users: vedi voce *Utenti unici.*

Universal Resource Locator (URL): indirizzo web visualizzabile nella barra di navigazione di un browser e che identifica in maniera univoca una pagina o una risorsa web.

Unsolicited Commercial Email (UCE): sinonimo di spam, cioè di messaggi email commerciali non richiesti.

Upgrade: aggiornamento di un software o di un computer con una versione più recente.

Up selling: azione commerciale che mira a indurre l'utente ad acquistare un numero maggiore di beni o un bene di una classe superiore in cambio di un particolare sconto o di un'offerta particolarmente vantaggiosa. Un esempio è il 3x2.

URL: vedi voce *Universal Resource Locator*.

Usabilità: grado di facilità con cui un prodotto o un'interfaccia possono essere usati dagli utenti per raggiungere obiettivi specifici con efficacia, efficienza e soddisfazione in uno specifico contesto d'uso.

User experience: può essere definita come la combinazione delle sensazioni che un utente ricava dall'interazione con l'interfaccia di una applicazione Web o di qualsiasi altro prodotto. La user experience riguarda quindi la percezione (positiva o negativa) dell'interfaccia utente e i processi cognitivi necessari a comprenderne la modalità di utilizzo.

Utenti non attivi: utenti che non hanno mai aperto le email inviate e che non hanno mai cliccato su nessuno dei link contenuti nei messaggi loro inviati.

Utenti unici: in inglese *Unique users*. Numero totale di utenti diversi che hanno avuto accesso a un sito web o hanno aperto una email (non tiene conto del numero di volte che lo hanno fatto).

Value proposition: frase rivolta al consumatore che riassume i vantaggi di un prodotto o servizio rispetto a quelli della concorrenza.

Web 2.0: Con questa dicitura si individuano i siti (o altri strumenti partecipativi) in cui sono i lettori stessi a creare i contenuti principali. Si possono suddividere in social network (che hanno alle spalle una Community che li usa per mantenere i contatti tra gli iscritti, come Facebook, Twitter, ecc.), siti di content sharing (in cui gli utenti condividono contenuti autoprodotti, come YouTube, MySpace, Flickr, Squidoo, Slideshare, ecc.), siti di social bookmarking (in cui gli utenti indicano i siti più interessanti e ricevono feedback dagli altri iscritti, come Segnalo di Virgilio, Delicious, ecc.), oppure, infine siti di social news (in cui gli utenti riportano news trovate in rete e le votano, come OKNotizie, Diggita, Wikio, ecc.). Link back al paragrafo: Qualche dato sull'Email marketing in Italia.

Web Analytics: indica i software che analizzano le statistiche inerenti l'utilizzo di un sito web o di un'altra applicazione online da parte degli utenti.

Web beacon: vedi voce *Web bug*.

Web bug: immagine trasparente di un pixel che serve per monitorare gli utenti che aprono il messaggio e il numero di volte che lo fanno. All'apertura della email viene richiesta al server l'immagine che, dopo averla spedita, registra in un opportuno database il mittente e l'orario in cui è stata richiesta.

Webmail: client di posta che si utilizza via web.

Web Server: server che si occupa di fornire, su richiesta dei browser degli utenti in rete, i file necessari per caricare una pagina web. L'insieme dei web server che sono su Internet formano il World Wide Web.

Web Service: web Service (servizio web) è un sistema software progettato per supportare l'interoperabilità tra diversi sistemi su di una medesima rete. Basato di solito su linguaggi XML il web service fornisce un'interfaccia software grazie alla quale altri sistemi possono interagire attraverso Internet.

Welcome message: messaggio inviato automaticamente a un utente che si iscrive ad una newsletter.

What You See Is What You Get (WYSIWYG): indica la capacità di un programma di visualizzare un documento sullo schermo come apparirà una volta stampato o inserito nel suo contesto definitivo (come ad esempio in un sito Web).

White hat: vedi voce *Black hat*.

White list: liste di indirizzi di IP, di domini o di singoli indirizzi email che non vengono filtrate perché ritenute sempre attendibili.

Wikis: è un sito web in cui i visitatori possono aggiungere, modificare e cancellare parte dei contenuti senza registrazione o iscrizione. Un esempio molto noto è Wikipedia.

WYSIWYG: vedi voce *What You See Is What You Get*.

W3C: vedi Voce *World Wide Web Consortium*.

World Wide Web (WWW): è il complesso dei computer in rete su Internet.

World Wide Web Consortium (W3C): organizzazione internazionale che definisce gli standard e le norme per la comunicazione su Internet.

XML: vedi voce *Extensible Markup Language*.